落第社長の
ロシア貿易奮戦記

岩佐 毅

展望社

はじめに

高校を無事卒業した直後の19歳の春、私が岡山県倉敷市近郊の小さな田舎町から大きな夢を抱いて勇躍神戸に出てきてから、あっと言う間にすでに50年以上の歳月が過ぎ去り、「三途の川」に向かって徐々に歩き出しており、いずれにしろ間もなく「生」を終えようとしている。

幸い45年以上連れ添った純朴で誠実な妻と娘3人、孫8人の賑やかな家族に囲まれ、30歳過ぎから今日まで長年従事してきたロシアとのビジネスも、途中、山あり谷ありの様々な紆余曲折を乗り越え、70歳を超える現在も孤軍奮闘しながらも、何とか継続して無事糊口を凌ぐことができている。

とにかく、反省することも多々あり、挫折や失敗だらけの人生ではあったが、まずまずの生涯を送れたのではないかと自負している。

そこで、今過ぎ越してきた73年の自分の長い歩みを顧みて、「孫に残す私の履歴書」のつもりで私の人生記録の記述を始めることとした。

以下は私の、言わば傷だらけの長い人生行路を赤裸々に記述した一遍の物語である。

この一文を、40歳という高齢で難産の末この世に私を誕生させてくれた、今は亡き母・都と頑健な体を与えてくれた父・亀次に捧げたい。

岩佐 毅さんのこと

中村喜和《一橋大学名誉教授》

私が学校を卒業したころ、世間は不景気にあえいでいた。まして大学でロシア語を学んだとなると、まず赤化思想を疑われたものである。それでも私はツテがあって、ジェトロ（日本貿易振興会―現在の日本貿易振興機構）に拾ってもらった。

配属されたのは、ロシアの経済や貿易の状況をフォローする調査部で、明けても暮れてもソビエトの内外で発行される新聞や雑誌を読んで、スクラップをつくるのが毎日の業務で、年に一度『貿易白書』の一項目である〈対共産圏貿易〉に、然るべき枚数を執筆することが主要な仕事だった。

その頃――というのは１９６０～７０年代、ソビエトとビジネスをするのは〈ダミー〉と決まっていた。外来語辞典を見ると、ダミー（dummy）とは「替え玉」とある。実際にプラントを輸出したり、石油や木材を輸入したりする一部上場の大手の会社は替え玉の会社をつくって商談に当たらせ、自分は陰に隠れていたのである。それにはそれなりの理由があって、そういう体制がとられていたのだった。

それに反して、岩佐さんは生涯大会社の隠れ蓑になることなく、神戸市外国語大学のロシア語科を卒業したばかりの時には、神戸港に入港してくるソビエト船舶を一隻ごとこまめに訪問して航海用品や食料の注文を聞き、トラックで注文品を買い集め、出航までにそれを買い主に届けるという地道な業務を始める。

その仕事を当時、日本全国にわたってほぼ一手に請け負っていたのはT社だったが、岩佐さんはその傘下に入ったけれども、持ち前の正義感から労働争議を起こしてその先頭に立ち頑張って戦い、結局はそのポストを失う。それでも岩佐さんは屈しない。ふたたび立ち上がって起業し、船の御用聞きを開始し、オデッサに本拠を置く黒海船舶公団に食い入って、やがてモスクワの海運省当局からの数百万円から数億円規模の注文をこなすようになる。

大体、岩佐さんには福相がある。日本人でも、ロシア人でも会って話をするだけで、心から信用せずにはいられない。

その後は、ウクライナ共和国オデッサの黒海船舶公団に招かれたり、モスクワの海運省本庁を訪問して、金額で数億円にのぼる巨額の発注書を手にしたり、岩佐貿易株式会社を設立し、シンガポールにまで手を広げて子会社をつくったりした頃が、ビジネスとしての頂点だった。

ただ、足元には暗い大きな陥穽が待ち受けていた。ソビエトの崩壊である。一瞬にしてルーブルはすべて紙くずになった。資金調達に苦心を重ねた末、会社は倒産に追い込まれる。そして会社破産の大きな苦しみをなめさせられる。さらに、折から発生した阪神淡路大震災が不幸に追い打ちをかけた。

成功と挫折の中で、岩佐さんはソビエト社会の裏の裏を垣間見たばかりでなく、人の心の温かさにも触れる。信用していた友人や部下に裏切られたことも一度や二度ではなかった。岩佐さんを傷心のどん底から救ったのは作家吉村昭の作品『漂流』だった。

そして、ふたたび岩佐さんは立ち上がり、大学の新卒時代から培ったロシア語の知識を元手としてロシア語の通訳・翻訳業務と貿易業務を再度開始する。

日本から大量に輸出される中古車を集めて出荷したり、混乱のロシアから日本へ出稼ぎに来るロシア人がらみの犯罪の捜査を通訳として応援したりする仕事である。また、日本各地の警察から依頼を受けて、容疑者として拘留されたロシア人の尋問に立ち会うことになる。

その一つひとつのケースが興味深い物語になっている。そして、様々な形でロシアとの仕事に没頭するうちに、岩佐さんは日露関係の交流の歴史に興味を持ち、ロシアとかかわりのある日本各地の行事にも顔を出すようになる。私が岩佐さんと出会ったのもその過程だった。

七転び八起きした岩佐さんの半生記は、吉村さんの『漂流』に劣らず、人生の教科書になると私は思っている。

●目次

落第社長のロシア貿易奮戦記

第一章　戦火の中の誕生と19歳までの故郷

私の生まれた町と家　―人口８０００人の農村で戦争のさなかに誕生―

今私の目の前にはセピア色に変色した古ぼけた一葉の写真がある。遙か67年前の昭和24年、私が小学一年生の頃古ぼけた農家の自宅前で撮影した、家族一同の記念写真である。

次項に掲載するが、前列中央に素足に運動靴の小さな足を組んだ6歳の私、その両側に父母、そして右端に8歳違いの姉湊子、左端には三男の英夫、後列左には長兄・敏夫夫妻、右には次兄・信夫夫妻が並んでいる、ごく普通の平和な家族写真である。

しかし、この写真に写っている家族9人の内、様々な病を得てすでに7人は他界し、この世にいるのは、現在90歳を超す後列の次兄と末っ子の私の2人のみである。この写真でかすかに微笑んでいる姉は、大腸ガン、肝臓ガンなどの数回の手術を繰り返して苦しみぬいた末、とうとう力尽きて13年前に66歳で旅立ってしまった。

時折この写真を眺めると、年齢が一番近く唯一一緒に遊んだ記憶のある姉に、岡山大学付属病院の病棟で最後に面会した時の、力のないどんよりと濁った目を思い出し、無常感にとらわれ沈鬱な気持ちに沈んでしまう。

ところで、私は江戸時代末期に瀬戸内海にある四国高松の対岸児島湾の入り江を干拓して開発された、岡山県都窪郡茶屋町（現在倉敷市茶屋町、当時人口約８０００人）という田舎町でこの世に誕生した。

その頃は、昭和16年12月に勃発した太平洋戦争のさ中であり、戦艦〝武蔵〟に座乗し、全軍を指揮していた山本五十六連合艦隊司令長官が、太平洋ブーゲンビルの前線で米軍の待ち伏せ攻撃により、搭乗機を撃墜されて昭和18年４月18日に戦死したが、そのちょうど３ヶ月前の昭和18年１月19日が私の誕生日である。

その時母はすでに40歳で、私の上には20歳年上で満州に出征中の長兄・敏夫を筆頭に、合計４人の兄姉がおり、私は誕生と同時に養子に出されることになっていたとの

ことで、養子縁組先も決まっていたのだそうである。

しかし、産声を挙げたとき、産婆さんが取りあげた我が子を一目見た母が、あまりの可愛さに急に情が移って気が変わり、どうしても養子に出せず、手元で育てることになったと繰り返し聞かされた。従って、私は典型的な末っ子で、母にはとても甘やかされて育った記憶がある。

人生最初の記憶は米軍の空襲
― 母の背で見た焼夷弾の火の粉 ―

ところで、私の人生で最初の「記憶」は昭和20年6月に岡山市を襲った米軍の大空襲である。当時2歳半の私は、母の背に負われ、真っ暗闇の畦道を近所のお寺に逃げ延び、濃紺の蚊帳の中で怯えていた情景が今でも鮮明に記憶の底に残っている。

そして、その時は一体何事が起こっているのか全く理解できなかったが、カエルの激しい鳴き声の中を、畦道をたどって母が小走りに避難し、その背から岡山方向を見あげると、雨霰と火の玉が隣の田畑に降り注いでいるかのように見えたのを、今でもはっきりと思い出すことができる。

19歳の春、一年遅れで高校を卒業し、神戸市外国語大学への入学が決まり、急行「羽鷲」に乗り込み、発車ベルが鳴り出すと、母がホームを小走りに列車を追いかけ、大粒の涙を流して別れを惜しんでくれたことが今でも忘れられない。

また、大学に通い出してからも、手紙で「時々お母さんの巻き寿司が恋しくなります」と甘えると、すぐに手製の巻き寿司をつくり、急行に飛び乗り3時間もかけて神戸まで届けてくれたこともある。

母は75歳を過ぎてから目に見えて少しずつ弱り始め、私が40歳の時やせ衰えた体で80歳の生を全うし、静かに息を引き取った。

その間何回も入退院を繰り返していたが、次第に物忘れが激しくなり、朝食をすませてすぐに隣近所を訪れ、「まだ朝ご飯すんどらんのじゃ、息子の嫁が食べさせてくれんのじゃ」などと言って歩き回り始め、周囲を困らせた。

しかし、一度ベッドから転がり落ちて大腿骨を骨折してしまい、ほとんど寝たきりになって入院してから、ときどき「末の息子が、毎月小遣いを3万円も送ってくれる」と見舞客につぶやいていたとのことで、一回も小遣いなど送金したことがなかった親不孝の私は、苦笑するしかなかった。

さて、私が誕生後19歳まで育った生家は、戦前は完全な小作農で、戦後農地改革により1町4反歩程の農地を私有することとなった典型的な地方の貧しい農家であった。主として稲作、麦作、そして、副業として畳表の材料となるイ草の栽培にも従事していた。町には幼稚園が2園、小学校、中学校が各一校あり、町内には高校以上の高等教育機関は何一つなかった。

2つ目の記憶はようやく戦争が終わり、19歳から25歳までの6年間を満州、サイパン島、ヤップ島の最前線の戦場で過ごした長兄・敏夫が復員してきた日の光景である。それは昭和20年12

月のことであるから、私はすでに3歳近い年齢であったが、ある日一人で庭先で遊んでいると、カーキ色の軍装に身を固めた一人の見知らぬ「叔父さん」が現れ、背嚢からカンパン（兵隊用のビスケット）を2〜3個取り出して手渡してくれたのである。こうして戦後日本の激動の歴史の中を、少しずつ私の人生が始まっていったのである。

そのころ実家には長兄夫婦、しばらくして結婚した国鉄勤務の次兄夫婦、そして、後に戦後干拓した新開地の児島湾沿いの農地に入植し、3町歩もの田畑を耕して農業に従事した三男の兄、姉、私の合計9人の大家族が同居し、実に賑やかな家庭であった。しかし、戦後しばらくは稲作を行う農家であっても、やはり食糧事情はとても厳しかった。

毎年実りの秋が近づくと、検査官が実際一軒一軒田圃を訪れて作柄を調査し、予想獲れ高を事前に予測して「供出」と称する強制的数量割り当てを行い、政府への提出を義務づけられており、それに違反してわずかでも米粒を隠匿でもしようものなら、警察が逮捕に向かうというご時世であった。

そこで、毎年端境期には、1町歩を越す田畑を所有する我が家でも、米が大幅に不足し、連日朝も昼も夕食もそうめん、うどんが続いた。そんな中でも楽しい思い出がいくつかあるもので、冬場には脂ののった川魚の鮒を兄や父が網で沢山捕まえ、様々に加工してよく食べさせられたものである。とりわけ、鮒を焼いて天日でからからに干し、頭も骨も小さく刻んで野菜と一緒に煮込んだみそ汁はとてもおいしく、栄養もあって最高のご馳走であった。母が今晩は「鮒だよ」と言って、まな板でトントンと干物の鮒を叩いて刻むのを生唾を飲みながら眺めていたものである。

　また、高等小学校を卒えただけの、根っからの頑健な百姓の父は、田畑を耕すことと、牛の肥育に精を出すことと、晩酌を傾ける以外何らの趣味もなく、ひたすら朝星、夜星で真っ黒になるまで働き、夕食時に安焼酎を数杯飲んでは、屁理屈をこねまくり、延々とくだを巻く男であった。

　そこで、父が焼酎を飲み始め、やがて目が据わってくると、家族は黙って近くにいなくなり、なぜか私がお相手をすることになっていた。今でもあのだみ声で私を呼びつけていた頃を思い出すことがある。また、父は郷里岡山出身でジャーナリストから総理大臣となり、過激な陸軍将校に5・15事件で暗殺された犬養木堂（毅）をなぜかとても尊敬しており、私の名前も、父が尊敬するこの政治家にあやかったのではないかと思われる。そして、首相官邸で青年将校に寝込みを襲われたとき「話せば分かる」と叫んで制止したが、「問答無用」との一言で凶弾に倒れた犬養毅の話を繰り返し聞かされ、後に私が「歴史」好きになる端緒となったような気がしている。

　この頃の思い出はとぎれとぎれでいくつかが記憶の底に残ってはいるが、とにかく貧しい生活を続けていた記憶ばかりである。よく生家には若い兵隊帰りの乞食が訪れ、食事の物乞いをしたり、近所の農家で牛が盗まれ密殺されたり、夜間に台所に侵入した泥棒が鍋に残っていたおかずを平らげたりといった、今では考えられないようなせこい犯罪が近所で多発していた。

　また、私の家でも毎年座敷に臨時の温室を設置し、ひよこを数百羽孵化させ、常に400～

500羽の鶏を飼って卵を産ませ、市街地の食料品店に卸売りして、貴重な生活費にあてていた。

収穫した米や麦の販売収入が年2回あるのみで、他にこれといった現金収入もなく、数百羽の鶏が毎日沢山の卵を産んでも、それは貴重な現金収入獲得のためのものであり、決して家族の口には入らぬまさに「金の卵」であった。但し、例外として、卵が転がる際に殻にへこみができて売り物にならない傷物は特例として、家族の口に入れても良いことになっていた。そこで、私は毎日早起きして、鶏舎を回って傷物の卵を一生懸命探し、殻が割れたり、へこんだ卵を見つけると大喜びで母に見せ、生卵として飲み込んだり、卵焼きなどの料理をつくってもらったものである。

まもなく5歳になった私は、町営の幼稚園に通いだした。しかし、この頃から今も激しい物忘れが始まり、ある日昼食時間となって、同級生たちがそれぞれにお弁当を開き、「お弁当、お弁当うれしいな!」と歌い出したのであるが、私はうっかり家からお弁当を持参するのを忘れていて、悲しくて悲しくて、大声をあげて泣きじゃくりながら自宅に駆け戻ったことがある。

それでも卒園式には右総代を命じられ、半ズボン姿で真っ赤になりながら、全員の卒園証書を受けとり無事役目を果たした。

「戦争ごっこ」、「ストライキごっこ」に明け暮れた小学生時代

昭和24年の春、私は岡山県都窪郡茶屋町小学校の門をくぐって、「ピカピカの小学一年生」となった。太平洋戦争が終結してまだ4年しかたっておらず、子供たちの間では「戦争ごっこ」という遊びがはやっており、中国、アメリカ、ロシア、日本などにそれぞれに別れて、棒きれを担いで校庭を駆けめぐり、泥んこになりながらも、とても楽しかったのを覚えている。

そして、時折よれよれの軍服姿で木刀を持った兵隊風の男が校庭に現れ、校長先生の立つ朝礼台に立ってなにやら演説を始め、「頭右《かしらみぎ》!」と叫んで木刀を捧げ筒する姿が見られた。

そういったいわゆる「兵隊気狂い」と当時呼ばれていた、戦場で精神に障害をきたした元兵士が町中を徘徊しており、子供たちは遠巻きにして笑っていたものである。

また、ある日登校すると、朝から小学校前の狭いどぶの前に心配そうな顔をした住民たちの人だかりがしており、警察官数名が全身泥にまみれて泥土を掘り起こしているのに出くわした。そして、しばらくすると、彼らが大量の手榴弾を掘り起こし、それらをどこかに持ち去っていったのである。しばらく道路に並べられた黒々とした鈍い光を放つ円筒状の手榴弾を初めて目にし、その不無気味さに胸の鼓動が高まり、ドキドキしたものである。

また、私の自宅から数百メートルのところに町中の死者を葬った広大な墓地があり、延々と墓石が立ち並び、その一番奥には死者を火葬する通称「焼き場」があり、葬儀のあった日には、

おんぼうと呼ばれた「焼のおじさん」が薪を燃やして遺体を焼却し、焼場の高い煙突からもくもくと白煙があがり、あたり一面に生臭い死臭が漂った。そして、その墓地の入り口には古ぼけた昭福寺という寺があり、そこには「ろっさん」と呼ばれていた老いた尼僧が一人で住んでいた。

私の母はその「ろっさん」と古い友達で、何かと世話を焼いており、私もよく母に手を引かれて訪れ、暗い本堂に座り、和菓子などをもらって食べさせられていた。その独り者の尼僧が、やがて脳卒中で倒れ、ほとんど寝たきりになり、母はなお一層足繁く「ろっさん」を訪問し、まるで肉親のように親身に看病に努めていた。

あれは私が小学校1年の夏であったと思われるが、夕方薄暗くなりかけた頃、母に手を引かれ本家を訪れた帰り道で、昭福寺の横にある幅数メートルの農業用水路の端の草むらが、バチャバチャと水音を立てているのに気がついた。

母と私はもしかしたら大きな川魚でもいるのかも知れないと思い、向こう岸に渡り、音のする草むらを覗き込んだ。すると、なにやら時折バチャバチャと音をさせている物体がほのかに見えた。その瞬間、母は血相を変えて、昭福寺に駆け込むと中から「ろっさーん！」という悲鳴が聞こえた。川に沈んでいたのは、自殺を図った尼僧であった。

母は大声で私に家に帰り父を呼んでくるように命じ、自分は川に入っていった。私は無我夢中で裸足になり家まで全速力で走り、夕食を食べていた兄や父に「ろっさん」が川に入り自殺を図っていることを告げた。

幸い兄や父が川に飛び込み尼僧を助け上げ、道ばたで布団に寝かせ、駆けつけた医者が人工呼吸を繰り返すと、「ろっさん」は息を吹き返し、一命をとりとめた。

その後、近所の住民が「ろっさん」を気にかけ、よく世話を焼くようになったが、しばらくすると老尼僧のことはみんな忘れてもとの生活にもどっていった。

それから一年後、また「ろっさん」はもう一度不自由な体を引きずって、付近の川に入水したが、今度は注目を浴びるための狂言自殺らしく、あまり住民の関心を呼ばなかった。それから3年の後、私の母が夜通し看病するなかで、「ろっさん」は静かに息を引き取った。

形通りの葬式が終わり、住民たちの手で隣の墓地入り口に丸い頭の立派な墓石を立ててもらい「ろっさん」は今も静かに昭福寺を見つめている。

私が小学2年生になってまもなく、昭和25年朝鮮戦争が勃発し、毎日午後定期的に双胴の米軍機が編隊を組んで数機頭上を高く飛ぶのが見え始め、天気の良い晴れた日は青空にくっきりと灰色の機体が見え、何事が起こったのか、よく分からぬまま毎日空を見上げていた。

また、そのころ盛んに戦後の民主教育が叫ばれ、教頭先生が熱心に「君が代」ではなく「緑の山河」という歌を歌唱指導し、よく歌わされた。

私が小学3年生のとき、昭和26年9月サンフランシスコ講和条約が締結されると、この教頭先生は全校生徒を集め、「今日から日本は独立国になりました。アメリカ軍は占領軍とは呼ばず、駐留軍と名前が変わります」と晴れやかな顔で宣言し、それまでよく練習してきた「緑の山河」をみんなで声高らかに合唱した。

人口8000人のこの町は、住民の半分ほどが農業に従事し、市街地には縫製工場、ゴム長靴、地下足袋、運動靴などを製造する小規模な工場が3～4ヶ所あり、それぞれに四国や九州出身の集団就職で就職した数百人の若い女工さんが働いていた。そのころ全国で労働組合が次々結成され、それらの工場でもストライキが頻発し、その工場前で女工さんたちがスクラムを組み、「我らは赤旗守る！」と黄色い声を張り上げて労働歌を合唱しながら、ピケを張っていた。

子供たちも毎日そのストライキを見ながら登校しており、訳も分からずその労働歌を覚えてしまい、戦争ごっこに代わって、いつの間にやら、ストライキごっこが大流行となった。そして、校庭でスクラムを組んで「我らは赤旗守る！」を合唱し、会社側と労働組合側とに別れてもみ合って遊んだものである。

そのころ同級生の中には朝鮮人の子供たちも数人いて、彼らは町はずれの百間川沿いにあったみすぼらしいバラック住宅が密集する、いわゆる〝朝鮮部落〟と呼ばれたスラム街に住んでおり、町民からはいつも蔑まれ、白い目で見られていた。

その朝鮮人の中に、とても気の良い呉山君という少年がおり、私とはよく気があい、一緒に鮒釣りをしたり、真っ赤なアメリカザリガニをバケツ一杯釣りあげたりしていた仲良し友達であった。確か4年生ぐらいの頃であったと思うが、ある日、ちびっ子仲間の親分格の少年が数人の同級生に声をかけ、一緒に玩具のような電車が走る、町はずれの下津井電鉄の鉄橋付近に遊びにいったことがある。その鉄橋までくると、親分の少年が「おい、朝鮮、鉄橋の下で待っとれ」と呉山君に命令し、本人は鉄橋に上がっていった。そして、鉄橋の上から親分がズボンのチャックを開け「下でワシのションベンを口で受けろ！」と命令したのである。すると呉山君は一瞬躊躇したが、再び「朝鮮、はよせー」と親分が声を張り上げ叫ぶと、親分の真下に駆け寄り、上を向いて大きく口を開け、弧を描いて黄色い小便が落ちてくると、本当に口でそれを受け止め、ごくりと飲み込んだのである。私はその時、親友の呉山君が可愛そうでならず、なぜ朝鮮人はここまで屈辱的な扱いを受けねばならぬのか、悲しい思いでいっぱいであった。

私の家には農協団体が毎月配布する「家の光」と言う雑誌と山陽新聞以外、活字らしきものはなに一つなかったが、姉が高校生くらいになったころ兄嫁が「主婦の友」という婦人雑誌の定期購読をはじめた。そのころ私は小学4年生であったが、この新しい「活字」に飛びつき、様々な情報が満載されているこの雑誌に、姉たちが読む前にこっそり目を通すのをとても楽しみにしていた。

とりわけ綴じ込み付録や別冊で「恋愛・結婚・妊娠・出産の医学」と言う特集が時折あり、姉たちが不在の時をねらって部屋の隅に隠れて顔を赤らめ興奮しながら必死に読みふけった。そして、時々判読が難しい漢字にも出くわしたが、小学4年生ですでに「新婚初夜の心得」をすべて完全に学習済みであり、今から思えば相当早熟な子供であった。

私の家では鶏や牛は飼っていたが、活字にはあまり縁がなかった。だが私はなぜか読書好きであった。そして、小学校高学年になったある日、我が家よりは遙かに裕福で、町会議員を務めていた私の祖父の兄が当主となっている近所の本家を誰かの法事で訪れたとき、何げなく、2階に通じる階段を上り、黴臭い屋根裏部屋に入ったことがある。その部屋には旧制中学を

懐かしい茶屋町の鬼祭り。

卒業し、神戸に養子に行き、その後中国戦線に出征し、陸軍中尉で壮烈な戦死を遂げた本家の次男の蔵書が、多数埃まみれで保管されているのを偶然発見した。

その無造作に積まれた多数の蔵書の中からなぜか私は、装丁が朱色で綺麗な芥川龍之介選集とツルゲーネフの「初恋」を取りだし、それらを借り受けて毎日読みふけった。芥川の重厚な語り口の様々な物語に没頭し、隣の別荘の父の秘密の愛人の少女に「初恋」をしてしまう、ロシア貴族の少年の物語に心奪われる思いであった。

とにかく他にまともな書籍が一冊もない我が家で、この2冊の本は私にとってまさに文学開眼の書であった。これらの貴重な書籍を繰り返し読みふけり、芥川やツルゲーネフのロマンの世界を漂った。

また、この故郷茶屋町のことで忘れられないのは、毎年稲の収穫を終えた10月14～15日に町中で行われる秋祭りのことである。このお祭りは「鬼祭り」と呼ばれ、2日間の祭日の間、町中の男の子たちは、それぞれに真っ赤な衣装に身を包み、鬼の面をかぶって、棍棒を振り回して町中を練り歩くのである。鬼の面はそれぞれの家で代々手作りされたもので、なかなか味があり、角を立てた面は毒々しく真っ赤に塗られ、一様におどろおどろしい物ばかりであった。

お祭りの日は学校の授業は午前中のみであり、道路両脇に立てられてへんぽんと翻る祭り旗の間を息を切らして全速力の駆け足で帰宅し、瀬戸内海の新鮮な魚介類や甘い卵焼きの乗った祭り寿司をかきこんで、いそいそと赤い「鬼」の衣装に着替えて町に繰り出すのが楽しくて、毎年指折り数えて秋祭りの日を待ったものである。

いったん鬼の面をかぶれば中に誰が入っているのかまず分からず、恐る恐る集団で帰宅する女生徒たちを取り囲み、思い思いに棍棒を振り上げて、恐怖のどん底に陥れるのが楽しみであった。そのころまだまだ男子と女子は同じ教室で机を並べていても、お互いにほとんど口も聞かず、素知らぬ顔をしていたが、内心では男子たちにはそれぞれにお気に入りの女子があり、彼女たちが気になって気になって仕方がないのが本心であった。

そして、年に一度秋祭りの日に男の子たちは、おどろおどろしい鬼の面をかぶり、下校途中の女生徒たちに襲いかかり、嬌声をあげて逃げまどうお気に入りの女の子に、思いの丈を訴えるかのように棍棒を振り回すのであった。普段は素知らぬ顔の両者であったが、その日のみはまるで本物の「鬼」と「お姫様」に変化《へんげ》して、両者がじゃれ合う、年に一度の「出会いの日」でもあったのである。

一斉にニキビが花開いた中学時代
―蛇も出没する勉強部屋で受験勉強に没頭―

ようやく小学校を卒え、同じ構内にあった茶屋町中学に入学した途端、顔中にニキビが発生し、とくに額には赤いつぶつぶのニキビが無数にでき、毎日鏡を覗いては、ため息をついていた。

中学入学と同時に岡山大学を卒業して当時高校教師であった、近所の森山和子先生に母が家庭教師を依頼し、週3回2時間以上みっちりと英語、数学を学んだ。

この森山先生はとても熱心な教師で、英語は教科書をすべて丸暗記して暗唱し終え、和文への翻訳も正確に完全にできるようになってから、次の章に進む方式であり、徹底的に英語を叩き込んでくれた。

学校で英語の第1章を学ぶ頃には、すでに3章か4章まで私は完璧にマスターしており、中学一年生の英語のテストは最後まですべて満点で、学期末には全教科5点がずらりと並んだ通知表を手にして帰宅したものだった。小学校時代成績は上位ではあったものの、まだまだ「上の下」程度であったが、中学入学と同時に森山先生のお陰でどんどん成績が上昇し、学期末のテストや実力テストでも全校で1、2位を争うようになり、有頂天であった。

とくに小学校時代から常に全校でトップの成績を維持しており、同級生に人望もあった小橋公君（後に防衛大学に進み、陸上自衛隊幹部となった）とは良い競争相手となり、常に首位を競いあった。

こうして、勉強に励みながら、一方クラブ活動では柔道部に入部し懸命に練習を続け、2年生で初段を獲得し、黒帯を締めた。この柔道部でも小橋君とは勉強同様ライバルであり、彼の粘り強い足腰にはなかなか勝てず、いつも一目置いていた。

小橋君の父親は早稲田大学卒業後満州で活躍し、終戦で帰国後は県立農業高校の教頭を務めるインテリであった。彼の一家は町営住宅に住んでいたが、座敷には大隈重信の書が飾ってあり、私の家とは格の違いを感じさせられた。

その後間もなく姉が、国鉄勤務の温厚なよき伴侶を得て結婚することとなった。私は、金襴緞子《きんらんどんす》の花嫁衣装で自宅を後にする姉に一言「さようなら」とつぶやき、大粒の涙をこぼして別れを惜しんだ。

さて、中学2年になった時、私は落ち着いた勉強部屋が欲しいと母にねだり、その当時空き家になっていた森山先生の自宅の別棟の一角を借りて、自分の勉強部屋とし、ほとんどの時間をその小部屋で過

奨学金受賞記念写真。（後列左から3人目が著者）

ごし、宿泊もするようになった。勉強の方も大いに進み、私は小橋君と常に全校で1位、2位を争う位置におり、毎晩夜遅くまでこの小部屋で勉強漬けとなり、模擬試験で一度は郡内全域のすべての中学校のなかで1位にもなった。

ある夜のことであるが、深夜机にかじりついて参考書を読んでいると、屋根裏からネズミの駆け回る騒音がしきりに聞こえはじめた。今夜はいやにうるさいなと思っていると、今度は部屋の中を大ネズミが全速力で駆け抜けたのである。そして、勉強机の前のあたりが、ピカリと光った。しばらくして、もう一度前方が同様に一瞬明るく光った。しかもその位置が少し前に進んでいるのだ。私は不思議に思いもう一度顔を近づけてその光った場所をよく見てみると、それは赤い舌をチョロチョロさせている蛇の頭であり、ネズミを追っている蛇が少しずつ私の机の前に頭を進めており、その目が鋭く光っているのであった。

私は深夜丑三つ時に蛇と目を合わせた瞬間、全身に冷や汗が流れ、一目散に自宅に駆け戻り、震えながら一夜を過ごし、二度とその小部屋で宿泊をすることはなかった。

町内で血なまぐさい事件続発

私の育ったところは人口1万人にも満たない小さな田舎町であったが、結構様々な血なまぐさい事件も起こっていた。

私が中学1年生のある朝、町はずれで殺人事件があったとのうわさが流れ、早朝、田圃道を駆けて現場に駆けつけると、まだ警察も来ておらず、道路の真ん中に男性が仰向けに転がっており、その腹部にはどす黒い直系10センチほどの穴がぽっかりと開いており、回りはまさに血の海であった。

当時、毎年梅雨明けの7月20日過ぎから約1週間、猛暑の中で私の町では畳表の材料となるイ草の刈り取りが一斉に行われており、その農繁期には各農家に主として四国の香川県からの出稼ぎの農民がたくさん住み込んでいたが、被害者はそういった出稼ぎ農民の一人であった。そして、警察の聞き込み捜査の結果、前の晩飲み屋で被害者と地元のチンピラが激しく言い争っていたとの目撃証言にもとづき、その地元の青年が逮捕された。

この男の母親は毎日手押し車を押して、豆腐、油揚げなどを販売する行商人であり、町中がこの豆腐売りの息子が殺人犯として逮捕されたことを知っていた。そして、今日はあのおばさんはさすがに豆腐を売りに来れないのでは、との大方の予想に反し、その日の夕方にはいつもの時間に手押し車を押して、何食わぬ顔で豆腐を売り歩いていた。「うちは毎日豆腐を売らにゃー、飢え死にするけん」とどこかで言っていたとの噂がその後広がった。

町民が人殺しの母として後ろ指をさす中で、終日豆腐の入った手押し車を、町中鈴を鳴らして押し続けて歩いた母親の気持ちを思うと、今でも涙がこぼれ出す思いである。また、その頃片田舎の町ではあったが、ほかにも結構血なまぐさい事件が発生したことがあった。

その日、私は兄に連れられて電車で30分ほどの岡山市まで出かけることになっており、駅まで来ると、全ての電車運行が停止となっていた。構内には長い貨物列車が不気味に停止しており、周囲にはただならぬ雰囲気が漂っていた。周りの人の話では、ついさきほど駅近くの踏み切りで、スクーターに二人乗りしていた青年が貨物列車に跳ねられ、全身がバラバラになって周辺に飛び散った事件が発生しているというのである。

私は野次馬根性丸出しで、駆け足でその事故現場に近づくと、線路の周りには飛び散った血痕が点々と落ちており、驚いて震えながら思わず足元を見ると、被害者の男性の右足が男性器がついたままポロリと線路の敷石の上に転がっており、思わず息を呑んだ。それから2、3日間私は食事がとても喉を通らず、凄惨な事故現場など見なければよかったと、後悔したものである。

高校生時代、初めての挫折
―受験ノイローゼ、休学、留年、一流大学進学の夢消える―

やがて、私は無事茶屋町中学を卒業し、5㎞ほど離れた倉敷市内の、岡山県立倉敷青陵高等学校普通科に進学し、白線二本の黒い学帽を誇らしげに深く被り、青々とした田園風景の中を毎朝自転車を30分ほど漕いで通学することとなった。

この青陵高校というのは戦前名門の〝倉女〟(倉敷高等女学校)と呼ばれた伝統ある学校で、戦後男子校の中学と合併して新制高校として誕生し、私の卒業した中学の3倍以上も大きな全校生徒数1500人の巨大校であった。

この学校には〝倉女〟の伝統を受け継ぐ家庭科100人と普通科400人が在籍しており、普通科は1組から10組までの10クラスに分かれていた。そして、短大進学か就職を目指す女子ばかりの7組、8組を除いて、1組から6組までの300人は倉敷市内とその周辺の農村部から有力大学を目指す成績上位の生徒たちばかりを集めた、いわゆる進学組であった。

この学校は当時岡山市のライバル校・朝日高校、操山高校に次ぐ名門進学校で、岡山勢には負けるなというのが校風であり、大学、それも有名国立大学に入学しない者は人間ではないというくらいの、歪んだ雰囲気や風潮の漂う進学一辺倒の異常な学校であった。

私は最初好きな柔道部にも入部し、適当に運動を続けながら受験勉強をすれば良いと、のんびり構えていたが、入学後しばらくすると細かいテスト責めの毎日が始まり、毎月毎月実力テストがあり、その成績は50位までが氏名入りで壁に張り出され、更に各科目別に細かいデータが記載された成績表に、100番までの上位成績者の氏名が記載されて配布されるのである。

私は最初10番前後につけており、京都の著名大学を第一目標に懸命に勉強に食いついていた。何しろこの学校からは、毎年地元の国立岡山大学に100人〜150人入学しており、30〜40番くらいまでの上位にいれば、一流の国立大学に結構進学できていたのである。

しかし、高校入学後一年もたたないうちに、私は好きな柔道を止め、受験勉強一辺倒にしなければ、とうてい希望の大学に進学できないような不安にとらわれはじめ、とうとう柔道部を退部してしまった。

その頃から何故か私は、異常な潔癖症にかかり、机の上の物が何でも少しでも歪んでいると気分が落ち着かず、まっすぐに置き直すくせがあり、お弁当のご飯もまず碁盤の目のように四角に切り、キチンと一番端から順番に食べていかなければ、イライラして気持ちが落ち着かないなどの状態であった。夜中に机について勉強中イライラが募ると、木枯らしの吹く田圃道をひた走り、火の見櫓に昇り、風に揺れる最上階で旧制高校の「都ぞ弥生」や「北帰行」などの寮歌を大声で歌って気を静めていた。

また、柔道を止め受験勉強にしばらく打ち込むうちに、何となく腹部に異常を感じ始め、時折鈍い頭痛も始まった。腹部には常に得も知れぬ不快な膨満感があり、食欲もあまりなく、しきりに胃薬を購入して服用するが、一向に改善されないのである。

その後、様々な胃腸病院を回り治療を試みるが、良くなる兆しはなく、全く勉強どころではなくなってしまった。いつもいらいらして勉強も手に着かず、成績はぐんぐん下がり始め、今度は登校しようとすると、頭痛が始まったり、腹部膨満感が増すのである。そして、次第に登校が困難となり、ついにはしばらく休学し、治療に専念することになってしまった。

あちらこちらの医者を回った末に、母方の親戚筋にあたる倉敷市内のクリニック・重井病院に通い始めた。

それから、治療を初めて2～3ケ月経っても、どうも経過が思わしくなく、院長の重井博先生は思いあぐね、先生の母校の岡山大学医学部内科の教授の診察を手配してくれた。

岡山大学病院で教授の丁寧な診察が終わり、先生のもとを再び訪ねると、教授の診断結果を直ちに告げられた。その診断は、私の病は胃腸病ではなく「精神的なもの」で、できれば「精神科受診」を勧めるものであった。

そして、先生はこうも付け加えて暖かく励ましてくれた。

「今、君は大学を目指す激しい進学校にいて、回りがみんな一流大学を目指しているから、大学、大学と神経が過敏になりすぎているのだよ。しかし、この世の中には大学に進学する人はほんの一握りで（当時約10％）、大学に進まない人の方が大多数なんだよ。そして、中学や高校のみを卒えてみんなそれぞれちゃんと就職し、家庭ももって幸せに暮らしているのですよ。もっと幅広く世間を見て、万一大学に進めなくても、明るく暮らせるように心がけることが、君の心の病の一番よい治療方法なのですよ。」と諭してくれた。

この重井博先生の諄々とした言葉が私を救ってくれたのである。

先生はその頃、自宅で小さなクリニックを経営されていたが、その後岡山県で最初の腎臓透析を始めて総合医療機関の重井病院を倉敷市内に創設され、大病院に育て上げられ、屋上には趣味の昆虫館も開設されたユニークなお医者さんであった。

また、先生のご両親は戦前激しい弾圧下で戦争に反対し、無産運動や農民運動で活躍され、父親の重井鹿治氏は戦前と戦後、２度衆議院議員に当選したが、人民戦線事件などで2度も投獄された平和の闘士で、戦後社会党岡山県連書記長や顧問も努めた人物でもあった。

私は重井先生の言葉に諭され、これがきっかけで原因不明の泥沼のような苦境から、やっと救われる可能性がでてきた。

そして数ヶ月も登校ができず、大きく遅れをとってしまい、このまま受験を1年後に控えた2年生に、3学期からまた戻ることは不可能な状態であり、思い切って1年留年し、2年生をもう一回やり直すことにした。

翌年4月から新規巻き直しの2回目の2年生を繰り返すことにし、好きだった新聞部のクラブ活動に積極的に参加していった。2回目の2年生でもあり、勉強の方もなんとかついていけたし、心の余裕も少しずつ取り戻し、新聞部の活動にのめり込み、次第に明るさを取り戻し、クラスに友人たちもできてきた。

高校2年で初恋に身を焦がす ―失恋、丸刈り、その後の交流―

その頃、新聞部に入部してきた同級生のOさんという女生徒が気になり始め、彼女が部屋に入ると顔がこわばり、金縛り状態となり、胸が苦しくなってくるのであった。彼女は明るく聡明そうな大きな瞳で、とてもセンスがあり、女子美術大学を目指して油絵を描く才女であった。

私はどうしても彼女と交際がしたくて、彼女との会話のきっかけを作るため、学校から数分のところにあった、世界の名画を集めた、有名な倉敷紡績創設者の大原孫三郎氏が創設した大原美術館をよく訪問し、ルノワール、ゴッホ、ゴーギャン、マチス、ピカソ、シャガールなどの名画やロダンの彫刻を見て回り、次第に絵画が好きになっていった。

そうこうしているうちに、益々彼女への思いが募り、私はとうとう重大な決心をして、彼女にラブレターをしたため、早朝から彼女の登校を待ち受けた。そして、彼女が2年8組の教室に入ったのを見届けると、女子生徒ばかりの教室に入り込み、ノートに挟み込んだラブレターを彼女に押しつけ、紅潮した面もちで部屋を出ていった。

その手紙には、「僕は真剣にあなたのことを愛しています。結婚を前提に交際してください」としたためて、「もし、返事がノーなら即日頭を丸めます」と結んだ。

翌朝、彼女の親友の女生徒を通じて、結果はもたらされた。可憐な花模様の封筒に入った封書をもどかしそうに開け、彼女からの返書を震える手で広げ、目にしたのは、達筆な文字で綴られた彼女からのつれない返事であった。

「ご厚意は嬉しく思いますが、実は私にも片思いの男性がいますので、ご意向にはお応えできません。」というものであり、私は即決心して、その日の昼食時間に近所の散髪屋にでかけ、約束通りさっぱりと丸刈りにし、紅潮した顔で教室に戻った。

クラス全員が私の突然の行動に、好奇の目で丸刈りの頭を眺めていたが、その本当の理由を

初恋に破れた頃の著者。

知るものは誰もいなかった。

その後は健康にも少しずつ回復の兆しが見られ、岡山大学向けの模擬テストを受験すると、まずまずの成績でもあり、岡山大学に進むことを目標にし始めていた。

翌年、3年生に順調に進み、秋には全校弁論大会が開催されることになり、一大決心をして「高校4年生」というテーマで、１５００人の全校生徒の前で、それまでの体験を語る数分間の弁論発表を行い、思いがけず大きな拍手を浴びて優勝してしまった。

また、その年は第一次安保反対闘争が激しく戦われた年で、国会南門前で東大生の樺美智子さんが警官隊との衝突で死亡し、連日新聞に大きく報道され衝撃を受けた。そして、次々と先輩たちが各地大学から帰郷し、高校にも現れ、アメリカとの軍事条約である安保条約締結反対闘争への参加を呼びかけていた。岡山市の街頭では高校生も果敢に反対するデモ隊に参加し始め、騒然とした状況であった。

さて、憧れのOさんに話を戻すと、それから数年の年月がたち、私が神戸市外国語大学に入学してしばらくたった頃、素敵な「花」を手書きで上手にあしらった葉書が届き、裏返して見ると、懐かしい彼女の達筆な文字が目に入った。

「その後お元気で大学に通われていることと思いますが、私この度縁あって良き伴侶を得て、結婚することになりましたので、ご報告いたします。あなた様も勉学に励まれ、大成されますようにお祈りいたします。」

この葉書は正直言って本当に嬉しく、しばらくほのぼのとした気持ちで数日を過ごした。私が彼女に高校時代全く相手にされず、別れ際に、「君が結婚するときは、知らせてください。祝電を打ちます」と言ったのを記憶していて、わざわざ葉書を送ってくれたのであった。

その後、長らく彼女のことは忘れていたが、40代半ばになった頃、久しぶりに届いた同窓会名簿を繰って彼女の消息を知ろうとしたが、どこにも彼女の名前は見あたらなかった。ページをめくるうち、ふと最後の物故者の欄が目にとまり、高まる動悸を抑え、慎重に氏名を見て行くうちに、あっと驚いた。彼女はまさに物故者となって、はっきりと死亡者9名の名簿の中に氏名が掲載されていたのである。

友人たちの話によると、結婚後彼女は子供にも恵まれ、とても幸せな家庭を築いていたが、40歳を越えた頃、胃ガンにかかり、あっという間に帰らぬ人となったと言うのである。

私はその日、悲しみをこらえようとしたが自分の感情を抑えきれず、全身で泣いた。

大学受験、大阪市大「サクラ・チル」、神戸市外大「サクラ・サク」

いよいよ年が明け、大学受験の春が近づいてきた。基本的には地元の岡山大学受験を目指していたので、受験手続きなどの書類も取り寄せ、準備を整えていたが、ほとんどの友人たちはそれぞれ関西や東京に受験に出かける者も多く、それに刺激され次第に県外に出て青春を謳歌したいという熱い希望が膨らみ出して、その勢いが日ごとに大きく増大してきた。

そしてやはり私は、得意の英語を生かして外大に進み、将来海外特派員のような国際的ジャーナリストになりたいとの希望がふつふつと湧き、どうしてもその胸の高鳴りを止められなくなってきた。

そうはいっても、実家には現金収入もほとんどなく、県外に出る場合、年老いた両親からの仕送りもほとんど期待できず、大部分の学費や生活費も自分で稼ぐ必要があるという、厳しい状況でもあった。

しかし、どうしても県外に出てみたいとの思いが募り、大阪大学に進んだ先輩からの薦めもあり、大阪外国語大学中国語科、神戸市外国語大学ロシア語科、そして、大阪市立大学文学部を受験することにした。

大阪市立大学がその当時一期校と呼ばれ、まず最初に入学試験が行われ、その結果により、大阪外大または神戸市外大のいずれかを選んで受験することにした。大阪市立大学受験の際は、当時もっとも親しい友人として交流があった蜂谷栄二君と、特急電車で倉敷から天王寺まで到着し、一緒に安宿に宿泊し、蜂谷君は大阪府立大学を目指した。だがその夜、大都会の大阪に出てきた二人は一晩中興奮して寝付けず、朝までしゃべり続けて両方とも、見事に受験に失敗してしまったのである。

受験に失敗したことは大きな不幸ではあったが、大阪市大はその当時極めて学生運動が盛んな大学で、後に日本刀を振りかざして、日本航空機をハイジャックして北朝鮮に亡命した赤軍派も大阪市大生が主要メンバーであり、もし運よく私が入学していれば、そういった学生運動の波にもまれ、その後の人生も大きく狂わされていた可能性もある。

現に高校時代同じ新聞部で活動していた、おとなしくてとても生真面目であったT君は、現役で大阪市大商学部に進んだが、激しい学生運動に飛び込み、その後大学を中退して行方をくらましてしまった。

第二章　神戸市外大学入学と初めてのロシアとの出会い

神戸市外国語大学ロシア語科入学　―亡命ロシア人教師二人との出会い―

大阪市大から「サクラ散る」といったつれない電報を受け取り、がっくり気落ちしてしばらく何も手に着かず、毎日自転車を漕いで町から1時間ほどの山に登り、景色を見渡しながら大きな石の上で昼寝をしていた。そして、思い切って就職し、一年浪人することも考えたが、ようやく気を取りなおし、3月後半の神戸市外国語大学の受験に出かけた。

幸い試験は比較的簡単だったが、5倍もの競争倍率であり、100人以上の大教室を見渡し、この中で10数人ほどしか合格しないのだと思うと、まさか合格するとはとても考えられず、「後は野となれ山となれ」の気持ちで帰宅した。そして、合格発表までの約1ヶ月間は緊張から解き放たれて友人宅に同級生が集合して初めての酒をあおり煙草を燻らせて、お気に入りの女生徒達のあれこれを話し合い時間を過ごした。

その当時たまり場にしていたのが、父親が倉敷市内で耳鼻科病院を開業していた井上寛治君《のち京都大学に進み、心臓外科医・京大教授》宅の2階で、その後防衛大学に進み航空自衛隊ジェット戦闘機の花形パイロットとなった森本益夫君などが悪童仲間であった。

そして、合格発表までの長い時間が過ぎ、合否の通知がやっと知らされ、思いがけず朱色の封筒に入った祝電が配達され、追いかけてまもなく正式な合格通知書類も届いた。私は一気に元気を取り戻し、気分が晴々とし海と山のハイカラな町・神戸への出発準備を進め、心を弾ませながら、3月終わりに勇躍神戸に到着した。

神戸市外大は戦後創設された神戸市立の公立大学であったが、とても小規模であり、当時全校の学生数は８００人足らずで、卒業した田舎の倉敷青陵高校の半分ほどの規模で、正直がっかりした。

しかし、幸い授業料がとても安く、当時の国立大学よりまだ低額の月間８５０円（年間１０２００円）であった。入学したロシア語学科は定員35名で、女子は5名のみであり、現在この大学は70～80％以上が女子という、圧倒的に女学生が多い学校となっているのは隔世の感がある。また、その当時校舎のあった六甲山山裾の高台からは、青々とした大阪湾や、洒落た神戸の町並みが一望の下に見渡せ、外大図書館裏のせせらぎが終日聞こえる下宿で、神戸での新しい生活を始めた。

その時入学式で初めて二人のロシア人教師に出会い、これが「ロシア」かと感慨深い思いであった。一人は大柄で黒いコートを羽織った相当の年齢のプレトネル先生であり、もう一人は小太りの小柄な女性講師のレベジェバ先生であった。

経歴はそれぞれ違ったが二人とも革命後祖国を捨てた、いわゆる白系ロシア人と呼ばれた亡命者であった。どちらの先生も赤ら顔であり、江戸時代にロシア人は「赤蝦夷《あかえぞ》」と呼ばれていたことに、大いに納得したものである。

その後、無事入学式が終わると毎週3日間、午前中みっちりとロシア語の講義が続いた。しかし実家からの仕送りが、当時2食付きで月額6000円が相場の下宿代にとうてい足りない5000円のみであり、すぐに新聞配達のアルバイトに飛び込んだ。

だが、早朝3時から働く新聞配達は、3日間通っただけであえなくダウンし、今度は神戸港の荷役人夫の仕事について、糊口を凌ぐこととなり、とても学校どころではなかった。

それでもロシア語の授業には時折出席し、居眠りしながら授業を受け、アー、ベー、ヴェーとロシア語の発音を少しずつ覚え始めていた。

ある日友人から聞き込んだ、昼食付きで一日900円！　という魅力的な給与の新たなアルバイト先の、神戸港の川西冷蔵庫という会社に早朝出かけてみた。

するとその面接場所は、事務所でもなんでもない、国鉄三ノ宮駅から徒歩で南に約15分ほど下った、神戸港第二突堤にある引き込み線の線路上であり、しかも面接するのは入れ墨をした強面の男であった。

早朝7時頃、引き込み線の草むらに三々五々くたびれたジャンバー姿の男たちが集まって、浮かぬ顔でこの手配師の指示を寒そうに待っていた。やがて10数名の男たちがそろうと、この手配師の男は、幕の内弁当を配りながら、それぞれの男たちに仕事場を指示していた。やがて私には「お前はネコ」と指示が飛んだ。ネコと言われてもよく理解できず、キョトンとしていると、傍らにいた日雇い人夫風の大柄の若い男が「冷凍倉庫の中でネコ車を引くんじゃ」と教えてくれた。

そして、防寒服と長靴が用意され、零下17度の冷凍倉庫に入り、煉瓦か石のように固まった縦30センチ横40センチほどの長方形の結構重い鯨肉を、ネコ車に山盛りに積んで白い息を吐きながら運び出し、引き込み線に止まっている貨車まで運んで、終日中に積み込む作業を続けた。

数時間があっという間に経過し、引き込み線の草むらで疲れた顔の男たちと一緒に車座になって、朝配られた幕の内弁当に舌鼓を打った。

それからしばらく経った頃、この倉庫で働くほとんどの男たちは、正真正銘のアンコと呼ばれる日雇い人足であることがわかった。毎朝力なくとぼとぼと集合する、どことなく曰くありげな人間たちの群れであり、まさにそれぞれが人生の様々な影を落とした独特の雰囲気を漂わせていたが、ただ初日にアドバイスをくれた男（福井幸次君）とそのもう一人の友人は、それぞれ神戸商大と大阪外大のアラビア語科に通う同じ大学生であることを知り、急速に親しくなり、長年親密な交流の続く友人となった。

初めて出会ったロシア人、プレトネル先生。

しかし、いかんせん、私はアルバイトの日雇人夫生活ばかりで、ほとんど神戸港に通うだけでロシア語などとてもモノにならず、学校にも時折出かけるだけで、休みの日には終日昼寝の怠惰な生活であった。そして、学期末にはお決まりの留年、落第が待っていた。

大学生活2年目になると、ようやく都会の生活にも慣れて、アルバイト探しも上手になり、下宿近くの道路端の電柱などに張り紙をして、率もよく時間的余裕もできる家庭教師を2、3カ所掛け持ち出来たため、比較的安定した生活基盤が出来た。

そして私は、文学研究会というサークルに加わり、へたくそな詩などを書き散らし、文学仲間と同人雑誌を発行した。私はもっぱら発行費用を捻出するための広告集め、編集、雑誌の販売などを担当し、同人誌を2、3回発行した記憶がある。

その頃、文学研究会の部室にいつも静かに座ってタバコを燻らせている、2年年上の女性と気が合い、いつのまにかデートを繰り返す仲となった。その時までほとんど女性と深い付き合いをしたことがなかった20歳の私は、一気に年上の彼女にのめり込み、真剣に彼女との結婚を考え、文字通り、夜も日もあけず追いかけ回した。

彼女は早熟で高校生時代に、東大に進んだ彼氏に別れを告げられ、手首を切って自殺を図ったこともあり、普段物静かな割には激しく燃え上がる女であった。口数も少なく、いつも黙ってタバコを燻らすのみの彼女であったが、おもしろい小説を書き、私はその小説を批評したり、彼女の小説を掲載した雑誌を発行したりした。

しばらくすると、私が異常に彼女への思いを募らせ過ぎたため、うっとうしくなったのか数ヶ月の交際の後、ついに別れを決意した彼女は、デートの約束の場所にいくら待っても現れず、私は力無く下宿に帰り着いた。すると、書類封筒に入った分厚い大学ノートが速達で送られてきており、そのノートを震える手であけると、それは1ヶ月に渡り毎日克明に綴られた日記風の、彼女からの私への別れを告げる大学ノート一冊分の手紙であった。

その後、彼女は高校の英語教師となり、まもなく幸せな結婚をし、大学教授夫人となり落ち着いた生活を続け、二人の息子を育て上げたと風の噂に聞いている。

さて、神戸市外大ロシア語学科には特異な経歴をもった先生方が数々おられ、中でもロシア語教育のメッカでもあった満州国国立大学ハルビン学院教授として、戦前活躍されていた桜木新吾先生はとりわけユニークな存在であった。鼻の下に粋な髭を蓄え、いつも黒いソフト帽を目深に被って、憂鬱そうな表情で歩く先生の講義は全く面白みもなく、出席する学生もまばらな講義であった。ただ先生はどことなく意味ありげな風貌で、モスクワ大学との交換教授などでロシア訪問の機会が何回あっても、絶対にソ連にだけは行こうとしなかった。

桜木先生は、学資が続かず何回も留年を続ける私に、何くれとなく目をかけてくれて、卒業間近には試験の日程をわざわざ葉書で知らせてくれ、ようやく滑り込みで卒業できたのも先生のお陰と感謝している。

私の卒業後しばらくして、六甲山の山裾にあった先生の自宅が全焼し、満州時代から連れ添っていた奥さんのゾーヤさんと着の身着のままで焼け出されたそうだ。その後、私はルポルタージュ執筆のため数回、ゾーヤさんを訪問する機会があり、興味深い話を伺うことができた。

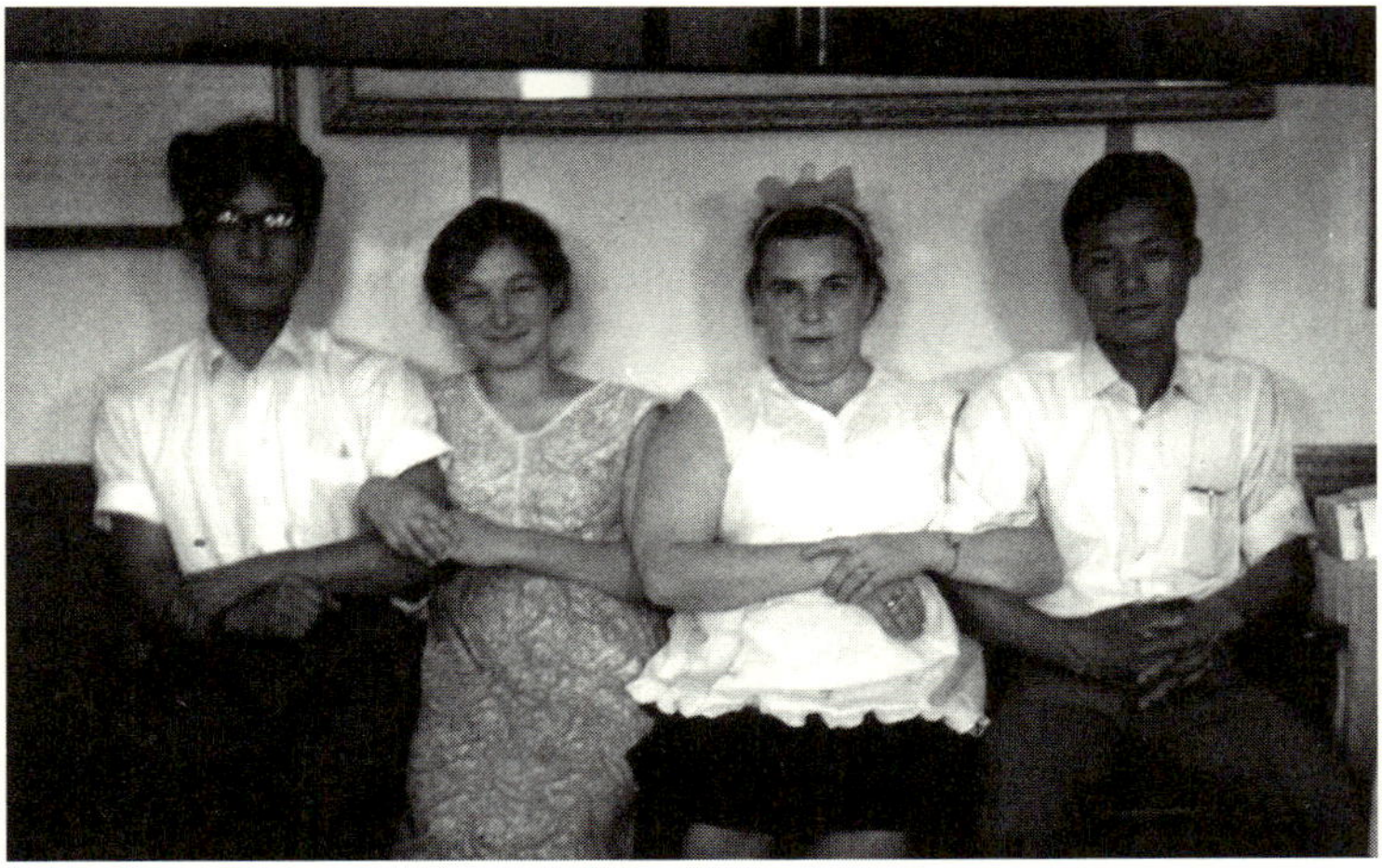
ソ連貨物船を訪問した外大一年生の頃（右端）。

その頃の彼女はすでに80歳を遥かに越えていたが、ほとんど日本語もできず一人孤独な暮らしをしていたが、私がロシア語で話かけると、堰を切ったように興奮して話し始め、ゲオルギー桜木先生との出会い、恋愛、結婚、そして、日本の敗戦によるハルビンの混乱等の話を早口のロシア語で延々と聞かされた。そして、終戦後にはハルビンを占領したソ連軍兵士に自動小銃を突き付けられて7回も襲われ、ありとあらゆるものを略奪され、ソ連兵の乱暴狼藉が終了すると、待ち受けていた中国人暴徒が更に残されたものを奪いに来るといった散々な目にあったと、興奮して「ソビエッツキーサルダーティー、バンヂット!!（＝ソ連兵はならず者!!）」と叫び続けた。

以下は彼女から聞かされたゲオルギー・イワーノビッチ・桜木の「ハルビン物語」である。

ゲオルギー・桜木の純愛と哈爾浜学院

ロシア革命が成就し、日本軍がシベリア各地より撤兵した大正9年9月、満州・ハルビンに満鉄初代総裁・後藤新平によってロシアに関する総合研究活動の拠点となる「日露協会学校」が設立された。このユニークな教育機関は、その後、昭和14年満州国立大学哈爾浜（はるびん）学院と改称し、同地の最高学府として幾多の俊英を育んできた。

この学院では、日本全国からの官費派遣学生を中心に中国、モンゴル、朝鮮人などの学生たちが一同に会しロシア語の習得に励み、かつ青春を謳歌していた。創立より渋谷院長一家の自決による閉校までの25年間に巣立っていった卒業生総数１４１２名の多くは、その後日露交流の様々な局面で重要な役割を果たし、戦後、文化や政治の分野などで活躍した。その中には、満州国崩壊とともに自決して果てたり、シベリアへの長期抑留などの悲惨な運命にその後の人生を翻弄された人物も多い。

ところで、昭和３年９月、学院第９期生として大分からの県費派遣生として肌寒い初秋のハルビン駅頭に降り立ち、希望に目を輝かせているひとりの少年がいた。この人物こそが後に哈爾浜学院教授を勤め、更に戦後、神戸市外国語大学教授（後に名誉教授）としてロシア語習得を目指す多数の青年を育て上げたゲオルギー・イワーノビッチこと桜木新吾先生である。先生の回顧録によると、出発に際し盛大な歓送会が催され、その輪の中に後藤新平氏が入り込み、

ハルビン学院出征前夜の最後の晩餐。

大陸を目指す新入生と親しく歓談し、「他民族と交際する際は常に礼儀を守る事が最も重要である」と、現在でも通用する立派な訓示を行ったそうだ。

その後、異国情緒豊かなハルビンで青春を謳歌していた青年は、伝統に従ってロシア語実習のためロシア人家庭を訪問し歓談するようになった。そして、当時ハルビン市経済局の高級官僚であったウクライナ系ロシア人グリッェンコ氏の邸宅を再三訪れるうち、新吾青年は美少女として有名な長女のゾーヤと恋に落ちてしまった。

父グリッェンコは2人の国際結婚には大反対であったが、たとえ家出してでも添い遂げたいとの娘の切なる願いをついに聞き入れ、広大な庭にある一軒家を、女中付きの新居として与えた。

昭和7年初秋の日曜日、多数の市民の見守る中、聖堂の聳えるロシア正教寺院に於いて2人は盛大な結婚式を挙げ、同時に新吾青年はロシア正教に帰依し、ゲオルギー・イワーノビッチとなった。その後、ゲオルギーは哈爾浜学院教授に就任し国営放送にロシア語講座を開設し、終戦までの数年間最愛のゾーヤと共に優雅に暮らしたという。

ところが昭和20年8月9日のソ連参戦以後、暴徒と化した民衆やソ連軍に再三再四襲われ、ゲオルギーの「覚悟のピストル」をゾーヤが発見するなど悪夢のような日々が続き、遂に彼はソ連軍に逮捕され1ヶ月以上行方が判らなくなってしまった。その後、釈放されたゲオルギーが一足先に帰国し、昭和22年新設された神戸市立外事専門学校（神戸市外大の前身）にロシア語教授として迎えられ、新たな第一歩を踏み出した。

その後も激動の中国で両親を相次いで失い、全ての連絡が途絶えたゾーヤは、不安な日々を過ごしていた。ところが、6年後の昭和28年、新聞の尋ね人欄でゲオルギーからの連絡を目にし、お互いの無事を確かめ合うことができ、彼がゾーヤのビザ習得に奔走していることを知り涙が溢れた。

こうして切ない別離の後、2人は再び劇的再会を果たし、ハルビン時代以上に仲睦まじいオシドリ夫婦として神戸山の手の異人館街に居を構える事ができた。

再会したゲオルギーとゾーヤ。

ゲオルギーこと桜木新吾先生は30年にわたる神戸市外国語大学在任中、教え子たちにその人柄を慕われながら数々の学問的業績を上げ、平成7年7月21日、最愛の妻ゾーヤに看取られ静かに永久《とわ》の眠りについた。

天国に召された先生の十字の墓碑は、神戸市内の国際墓地に、懐かしい海や町を眼下にしながら日露の親善・交流に力を尽くす後輩たちを励ますかのように今日も静かに佇んでいる。

悲劇の天才民俗学者ネフスキーの親友、オレスト・プレトネル先生の思い出

私が外大入学当時、前述のようにロシア人教師は男女2名いたが、そのうちの一人はかなりの高齢で顔には深い皺が刻まれ大柄の体を黒い外套で被い、ゆっくりと歩を進める、穏やかな紳士のオレスト・プレトネル先生であった。

その当時はとにかく著名な音韻学言語学者としか知らなかったが、その後、彼には深い因縁があることを知らされた。先生はロシア革命勃発寸前、ロシア帝国の国費留学生として後に小樽商大、大阪外大で教鞭をとる親友ニコライ・ネフスキーや弟オレグ・プレトネルたちと来日し、言語学を学んだといわれている。

しかし、弟のオレグは日本滞在中共産主義者となり様々な活動に従事したため国外追放となり、ネフスキーはその後革命後のソ連に帰国しレニングラード大学教授となったが、スターリ

ン時代の粛清に会い、日本人妻とともにスパイの汚名を被せられ、同日にレニングラードで銃殺されたと言われている。

このプレトネル先生が一度ロシア語講義中突然、「今からロシアの歌を唄います」と言って「エイウーハネム！　エイウーハネム！」と、低く太い声で『ボルガの船唄』を朗々と歌唱しはじめたが、先生の瞳はまるで遥かかなたの祖国ロシアを思い出すかのようで、その歌声は教室中を暗鬱な気持ちにさせた。

学資続かず、大学休学し学習塾を経営

とにかく貧しい農家であった実家からの送金は、下宿代にも足らない額であり、毎日アルバイトにばかり励む毎日が続き、次第に学校からも足が遠のきがちとなった。

その頃、偶然尼崎の小中学生相手の学習塾講師を依頼され、週2、3回通い始めた。しかし、予想に反し生徒はたったの1名しか集まらず、労働運動に従事していた経営者からは、1円も給与が支払われたこともなく2～3ヶ月が過ぎた。

そして、無給で働かされ剛を煮やした私ともう一人の神戸大学院生の講師が、紹介者であった尼崎市会議員に交渉を依頼したところ、経営者は無責任にもすべてを放棄し、「学習塾経営の権利を譲り渡すので、それで了解してくれ」との意向を示してきた。

そこで、金欠病で困り果てていた私は、たった生徒1名の塾経営を引き継ぐこととなり、懸命に生徒募集を開始し、町内にポスターをはり巡らし、ガリ刷りのチラシを一軒一軒配布して営業活動を続けた。その結果、次第に少しずつ子供たちが集まり始め、10名を超す生徒が通い出し、その後、次第に生徒が増加、2年後には100名近い生徒を抱える学習塾となり、3名の講師も雇うようになった。

その途中で私は、一大決心をして外大を一旦休学し、資金を稼いでから復学することを決め、結局3年ほど約100名の小学生、中学生の集う学習塾経営者となって過ごした。

ところで再度恋愛のお話に戻ると、以前見事に振られた年上女性との悲しい「恋の物語」の数ヶ月後、外大近所の国立大学教育学部在学生との、再び出会いと苦い別れがあった。

新しい女性は、私の高校同窓生で彼女が在学する同じ大学法学部大学院に在籍していた友人(後に関西大学教授)からの紹介であった。その彼女と私は3歳違いであり、知り合った時にはまだ19歳の初心《うぶ》さの残る女学生であったが、あっという間に二人は燃え上がり、熱烈な相思相愛となり将来結婚を固く誓いあう仲となった。その後私は、わざわざ彼女の自宅近辺に居を移し、毎日のように逢瀬を重ね、衣類なども彼女が自宅で洗濯後届けてくれるようになった。

しかし、彼女が順調に大学を卒業し、大阪市内で小学校教師となって新たな人生を始めるころに、私はまだ大学休学中で、単に場末で学習塾を経営する一介の浪人者でしかなく、何ら将来が見通せない不安定な状態であった。そういった状況の中で、あれほど燃え上っていた二人の間にも冷たい隙間風が吹き始め、何かとことごとく意見が衝突し始めていた。

そういったある日、彼女から突然別れ話が切り出された。その内容は、赴任した小学校で机を並べる同僚教師から度々デートに誘われていて、しかもすでに求婚されているというのである。

私は瞬間激しい嫉妬にかられて激怒し、声を荒げて彼女の不義理をなじった。そして、あっという間に二人の間には亀裂が走り、数日後には同僚教師と来春結婚することになった。「覆水盆に帰らず」との彼女からの最後通告があり、まるで子犬を捨てるかのように、屑箱に私は遺棄され、底知れぬ悲しい思いに沈んだ。

放課後の子供の生活指導に問題意識
―学童保育開設運動展開し大きな成果、そして結婚―

私の経営する学習塾は、営業努力の甲斐あって大いに繁盛してはいたが、小学生たちの家庭は様々であった。ある小学3年生の男子が2ヶ月ほど月謝の支払いを遅延したので、父親に連絡をとると、毎月キチンと息子に渡しているとのこと。結局その子は、そのお金で菓子やジュースを買って、他の子供たちにおごりまくって人気者となっていたのである。そして、翌日この男子は顔に赤黒い殴打の痕を残して現れたのである。

よくよく事情を聞いてみると、父親が離婚した父子家庭であり、雪深い地方から大阪に出てきたばかりのため、友人欲しさに月謝を使い込んでいたのである。また、中には美容院経営の

保育園での結婚式。

多忙な母親は娘（小学1年生）を、要するに今でいう学童保育のつもりで私の学習塾に通わせているというのが実態であった。

そして、色々家庭環境をそれとなく調べてみると、学習塾に在籍の小学生のほとんどは、両親とも何らかの形で終日働いているということがわかり、放課後の子供たちの生活指導にも些かでも役立っていることが判ってきた。また、近所の子供たちがたむろする公園などでも、結構遊具で怪我をする事故も多発しているなどのこともわかり、放課後の子供たちの生活について関心が湧いてきたのである。

本屋で偶然見つけた日本子どもを守る会発行の、「子供白書」を購入して読みふけり、思い切って悩みを打ち明ける手紙を事務局に送付したのである。その後、数日経って事務局から一枚のはがきが届き、「貴兄の関心のある放課後の子供の生活に関して相談できる人を紹介する」とのことであった。そこで、私は早速紹介されたその人物に電話をかけ面談日を決めた。

その日はあいにくの大雨で、私はくたびれたジーパン姿で長靴を履き、蝙蝠傘をさして大阪市内環状線の芦原橋駅を目指した。駅から徒歩約10分ほどで面談場所である学童保育施設に到着すると、面談相手の20歳前後と思われる若い地味な女性が現れ、私の日頃の悩みに的確にアドバイスをくれた。

学校教育以外に、放課後の生活指導も立派な一教育分野であり、まだ日本ではあまり普及していないけれど、これから「学童保育」という、放課後児童の生活指導施設を全国的に拡充して子供たちの安全を守り、様々に必要な指導を行うことがとても重要だとの、熱気のある話を約3時間ほど力説してくれ、大いに勇気づけられ、晴れ晴れとした気持ちで帰宅の途に就いた。

その帰路、私は何故か突然気持ちが高揚し「もしかしたら彼女と結婚することになるかもしれない」との思いがふとして、どん底から這い上がれるような気がしたものである。

彼女の助言に従い、尼崎で経営する塾周辺の母親たちと協力し合い、短期間に学童保育所開設についての署名活動を展開し、社会党、共産党市会議員とともに尼崎市と交渉を開始し、数ヶ月の運動ののち、学区内での公立の学童保育所開設にこぎつけ、大きな成果を挙げることとなったのである。

さて、くだんの彼女とは文通を続けて逢瀬を重ね、東京で開催された学童保育全国大会などにも一緒に参加し、出会ってから半年足らずで、その年の11月30日に、スピード結婚することとなった。

運命の出会いの日と同様土砂降りの日、初めて出会った保育園を会場にして、保育園児や学童保育の子供たち参加者100人の歓声を背に、祝賀会を執り行った。そして、私は旧姓藤岡を改め妻の岩佐姓となり、新妻が勤務する芦原橋の、狭い路地奥の六畳一間の小住宅に居を構え、フォークソング「赤ちょうちん」さながらの新婚生活を始めた。

新婚旅行はリュックを背負い、私の故郷・岡山の湯原温泉と、蒜山高原のすすきの原を秋晴れの中、歌声を響かせながら縦走するといったささやかなものであったが、若い二人はとにかく手に手を取って新しい人生の第一歩を歩み始めた。

それから早いもので45年が過ぎ去り、現在娘3人、孫8人の大家族となった。まさに人生「捨てる神あれば、拾う神あり」、「人間すべて塞翁が馬」である。

そして、新妻の勧めもあり、翌年4月から長らく休学していた神戸市外大に復学し、1年後には何とか28歳の高齢で無事卒業を果たしたのである。

長兄の選挙違反による逮捕、遺産相続問題

さて、新婚間もない翌年の正月に私は、新妻をともなって久しぶりに岡山の実家に帰郷し、家族に暖かく迎えられぐっすりと熟睡していた。ところが翌朝5時過ぎ頃、周りが急に騒がしくなり、突然私たち夫婦の寝室のふすまが、見知らぬ数人の男たちによって乱暴にあけ放され

た。男たちは布団をめくりあげ、部屋中を丹念に調べ始めた。

私は何事が起ったのか全く分からず、眠い目をこすりながら顛末を見守るばかりであった。そして、母屋には憔悴しきった母親が、呆然と肩を落としてしょんぼりと座っていた。

要するに町会議員に当選し、地方の名士として得意になっていた弁舌さわやかな長兄が、選挙違反で突然検挙され、多数の捜査員が深夜に押し寄せ、長兄は手錠を掛けられ留置場に引き立てられ、騒然とした家宅捜査が開始されたのである。

岡山出身の著名な大臣が死亡し、後継者として2回目に立候補した息子、橋本龍太郎氏（後に総理大臣に就任）の選挙活動に駆り出され、有頂天になって前座の演説をして町内を駆け回っていた長男は、大きな落とし穴に気づかず、他の数名の町会議員とともに買収という選挙違反に手を染め、50日間にもわたるみじめな留置場生活を送る羽目になってしまったのである。

その後、無事釈放された長兄は周りから後ろ指を差され続け、村八分状態が長らく続き、ほとぼりが冷めた頃、近所の町民を集めて謝罪の会食を開催し、ようやく普通の元どおりの交際が認められたと聞いた。

この事件後、長兄はまるで人が変わり、金銭欲の塊となり、父親が残した田畑1町4反歩（4000坪）の土地家屋について、私を除くすべての兄弟姉妹に遺産相続権放棄を迫り、遠隔地に住む私には「印鑑を貸せ」と言い、勝手に「私は遺産相続権を放棄します」という遺産相続協議書の偽造まで行って、あらゆる遺産すべてを一人占めしてしまった。

そして、周りを見返すかのように、所有する広大な田畑に続々賃貸用住宅や賃貸用マンションを建て、古い農家の傾きかけた実家を引き倒し、近所にはほとんど見かけられないような、立派なブロック造りの巨大な自宅を建設して、他の近在の農家を見下ろしていた。

とても残念ではあるが、そういった経緯もあってその後長兄一家との交際を絶って、長男夫婦の葬儀にも出席することはなかった。

第三章　亡命ロシア人の下で修業し、最初の起業

外大卒業後亡命ロシア人経営の小貿易会社（神戸市）で勤務

ようやくのことで神戸市外国語大学ロシア語学科を卒業した私は、まず新聞記者などのジャーナリストを目指して、大手新聞社や放送局アナウンサーなどの試験を次々受験したが、すべて様々な理由で失敗し途方に暮れた。

ある日、何気なく見かけた朝日新聞で、「ロシア語わかる方募集」といった広告があり飛びつき、たまたま神戸市内にあった亡命ロシア人が創業した、零細貿易会社を受験し合格。その後、縁あって私は約40年以上にわたって、女房の顔を見ない日はあっても、ロシア人と出会わない日はほとんどないといった、ロシアや旧ソ連との深い関わり合いの中で今日まで生きてきた。

ところで最初に入社した貿易会社事務所は、神戸三宮の山手の坂道を上がった古い桜が1本庭にそびえる、洒落た外国風の2階建ての民家であり、創業者で当時はすでに会長であった、ポロシンさんという白系ロシア人が君臨していた。

この会社の主要な仕事は、横浜、神戸、大阪等に寄港するソ連船舶に食料、船具を調達したり、

機関部や船体の緊急修理を手配するといった、ソ連船専門の一種の船舶代理店業というものであった。この会社に営業係として勤務し始めた頃は、外大を卒えているとはいえ私のロシア語は全く拙いもので、初めて一人で港外に停泊するソ連船に営業に行かされた時は、何がなんだか判らず、数時間かけて用件をやっと聞き、ウオッカをしこたま飲まされてフラフラになって会社に辿り着くという有様であった。

そうこうしているうちに、『門前の小僧、習わぬ経を読み』ではないが、ロシア人が読み上げる数字を即座に算盤にいれられるようになり、毎日訪船するたびに、ウオッカをロシア人に負けぬぐらい飲めるようになっていき、彼等の語るアネクドート（小話）に共に笑い転げるようになっていった。

会長ポロシンさんは一説によると、もともとロシアの豪商の家柄というだけあって、真っ白い髪をキチンと七三に分けた、上品な風貌のとても温厚な人柄であった。10代の頃、革命軍に追われ、満州から親戚一同、日本に亡命してきた後、神戸を始め日本各地でラシャ布地を担いで毎日家々を回る、行商人をして暮らしを立てていたとのことであった。世が世なら、お付のついた馬車で小学校に通ったであろう、この白髪の老ロシア人の姿には、そこはかとした風情のようなものを感じさせられるものがあった。

第二次世界大戦中に、祖国を捨てた亡命ロシア人ではあったが、日本の軍国主義が深まるにつれ、敵性外国人として迫害され、沖縄まで一時落ち延びていたそうである。その沖縄滞在中に毒蛇に足を噛まれ、何十年経っても青黒く腫れ上がった足を、引き摺ってゆっくりと歩いていた。

そのポロシンさんの口癖は、『帝政時代の方がずーっと、ロシアは豊かだったですよ。小麦も石炭も、たーくさんありました。どーん、どーん輸出していました。共産主義者が私の国メチャクチャにしてしまいました』であり、最後、亡くなるまで、一度も故国の地を踏まず、長期間ソ連国籍を拒否し続けていたものである。

当時この会社は、日本人経営者の若い青年が実質的に社長として経営しており、年商は数億円程度であったが、神戸、横浜に営業拠点があり、ほぼ無競争で結構の利益を上げていた。当時社員は約20名ほどで、毎日入港する旧ソ連船舶を訪船して、航海用品や食料の注文を聞き、出港までに納入するという、いわゆる航海用品、船用品調達業者であった。

その頃は日本全国で赤旗を翻して、年間約4000隻ものソ連籍船舶の入港船があり、特に横浜〜ナホトカ航路では、ソ連の客船が毎週1回横浜大桟橋に華やかに入港してきており、バイカル号、ハバロフスク号、フェリクス・ジェルジンスキー号、プリアムーリエ号などの客船が続々姿を現し、多数の貨客を運んでいた。

そういった海運省傘下のソ連籍船舶の貨物船、客船の船用品納品をほぼ一手に行っていたのがこの会社で、ソ連船員たちの間ではかなり著名な会社であった。東京青山1丁目に本社を構え、遥か富士山が見渡せる部屋にロシア人重役3人が常勤する、日本初の日ソ合弁会社の東洋共同海運（株）が保証してくれており、支払いも確実で迅速であり、極めて利益率の高いビジネスであった。

労働争議中。

ただ当時の社長は、30過ぎの若さですでに5階建てマンション一棟を所有し、ロシア語堪能で営業経験も豊富で、かなりのやり手ではあったが、労務管理ははっきり言ってでたらめであった。給与体系も何ら基準がなく、相手の顔色を見て決める式で、遅刻1分でもすれば皆勤手当てをカットするやら、ボーナスもどんぶり勘定であり、車両事故の補償は自己負担分が発生するといった規定で労働者の権利を全く尊重しないものであった。

そこで、スタッフからかなりの不満が出ており、労働条件に付いて交渉したいと申し入れた。すると、すぐに報復差別を行いはじめ、結局私が中心となって、横浜、神戸の従業員20名全員が参加する労働組合を結成し、全国組織の上部団体にも加盟することとなった。上部団体の支援も得て団体交渉を始めたが、即座に組合結成の中心となった私に会社は「懲戒解雇」を内容証明付き郵便で突き付けるという暴挙に出てきた。その後は、経営者はありとあらゆる労働組合つぶしの攻撃を波状的にかけ始め、組合側では裁判やストライキなどで対抗した。その結果、会社側は突然事務所封鎖を行い、いわゆるロックアウト宣告である。

そこで我々労働組合側は、弁護士のアドバイスに従い職場確保のため、事務所を占拠し、長期の籠城を開始し戦いを継続することとなり、神戸港の港湾関係労働組合員も多数駆け付けて宿泊し、神戸新聞にも大きく取り上げられることとなった。

結局この労働争議は、5年にわたって泥沼状態のまま繰り広げられ、兵庫地方労働委員会の調停により、ほぼ組合側の勝利で幕を閉じることとなった。しかし、その間誕生した長女を抱えながら生活保護以下の収入で頑張り続け、途中組合員も次々切り崩され、最後に勝利したとき組合員はわずか5名となっていた。

結果的には形の上で勝利したとはいえ、経済的にはあまり得るところはなく、かなり消耗する戦いではあったが、最後には社員全員に対する社長の正式な謝罪と解決金を勝ち取り、人間として節を曲げないで頑張ったということは、その後の人生で大きな自信となった。

そうして円満な労使関係構築を相互に確認して、再度職場復帰はしたものの、社長は蛇のように私個人に対する巧妙な差別攻撃を執拗に繰り返し、私には全くまともな仕事を与えず、毎日差別的な便所掃除や自転車掃除ばかりを命じ、この人物の度量の小ささに呆れかえった。しかも、円満解決を機に退職した社員が新たな職場に就職すると、その経営者へ「何々某は赤ですよ！」といったたぐいの密告の手紙を送付し、うっぷんを晴らすというまさに異常性格者であり、私はこういった人物はとうてい理解し得ないと悟り、ついに退職を決意した。

悲しい思い出 ―長男6ヶ月で急死―

ところで、この数年の間に、私の家族には大きな悲劇が発生した。というのは私が26歳で結婚後翌々年に長男が誕生し、大喜びで毎日笑顔を見るのが楽しみで幸せに浸っていた。当時妊娠中の妻は、激務に就いていたため幾度か流産しかかり、2ヶ月以上入院しながらも無事長男を産み落としてくれたのだった。

しかし、激しい労働争議が続いていたそのさなか、長男は誕生から3ヶ月半頃から原因不明の下痢が始まり、吹田市民病院に3ヶ月ほど入院し懸命の手当てをうけたが、一向に病状は改善しなかったため、急遽大阪市内中之島にあった阪大病院に転院をした。これで一安心と思っていた矢先に、転院4日目の深夜、容態が急変し、医師があわただしく駆け回り始めた。

そして、病室に入るよう勧められたときには、息子はすでに数人の医師や看護婦に囲まれ、心臓マッサージを施されているといった状態で、その後あっけなく心電図が一直線となり、息子はかわいい盛りの6ヶ月で長い闘病生活を経て、あえなく短い人生を終えてしまった。

病名は難病の一つと言われる、蛋白質漏失症と言われ、病院の霊安室に横たえられた息子と夫婦二人で、一睡もせずお通夜を過ごし、翌日に簡単な葬儀を執り行い、息子はあっという間に小さな煙となって遠いところに旅立ってしまい、本当に悲しい思いをしたのだった。

その後、私が32歳か33歳の頃だろうか、大阪梅田周辺の居酒屋で熱燗で乾杯したあと、ほろ酔い加減でビルの谷間に迷い込んだことがあり、偶然路地裏に易者がぽつねんと座っているのを見つけ、酔った勢いで無言で右手を差し出した。するとその老人の易者は懐中電灯で手のひらをしばらく照らすなり、一言「あなたの家には男児は育ちません」と言うではないか。

私はその言葉を聞いて愕然とした。私は易者の的確な言葉に驚き、ほかに何かと聞くと次々手相を見ながら様々な言葉で私の人生を予言してくれた。

その1は、郷里縁、肉親の縁が薄いこと。その2は、とても強い運勢の持ち主であり、困ったときは肉親ではなく他人が助けてくれること。などなど、ほとんどこの老人が予言したことはその後次々と的中し、まさに真実と思えることばかりで、もしかしたら神様が地上に降りていたのかも知れないと、本当に感心したものである。

ミニ事務所で貿易会社創立 ―鶏頭となるも牛後となるなかれ―

さて、白系露人経営の貿易会社に7年間勤務した後、円満退職し、昭和52年4月に独立。後の岩佐貿易株式会社の起源となった個人会社を大阪市港区に創設した。

実は、本当はどこか適当な就職先を探して、平凡なサラリーマンとして勤務すればよいと思っていたが、それまで在籍していた会社の社長は、円満退社して他社に就職した元社員スタッフに対して、更に追い打ちをかけるように誹謗中傷の手紙を、新たな就職先経営者に送付するという変質狂的人物であり、とりわけ労働組合結成を主導した私に対する憎悪は激しく、私が無事新たな就職先を得ることはまず不可能ではないかと思われ、仕方なく独立して困難な道を選んだというのが本音である。

そして、勇躍事務所を開設後、友人知人宛に「鶏頭となるも、牛後となるなかれ！」を心に決めているとの趣旨の挨拶状を送付し、新たな船出の決意を示した。

さて、この頃はブレジネフ時代のソ連社会も比較的落ち着いており、多数のソ連船が赤旗を翻して日本各地に次々入港し、関西の主要港にも毎日のようにソ連船が数隻停泊していた。

大阪港中心に営業を始めた私の懐には、たったの50万円しかなかった。まさに無手勝流の船出である。従って、会社といっても家から運んだ子供の勉強机と、古びた応接セットを一つ入れるといっぱいになってしまう、民家の軒先を借りたミニ事務所を本社にした出発であった。なにはともあれ『足』が必要と、早速おんぼろ中古の三菱デリカのバンを一台、10万円で購入し、電話1本、ひとりぼっちの会社の社長に就任したのである。しかし、『襤褸《ぼろ》は着ていても、心は錦』、34歳ではじめて一国一城の主となった喜びは、なにものにも代え難い充実感となって全身に満ちてくるものがあった。

当時、神戸、大阪、堺、尼崎、和歌山、飾磨など関西の港には、ウラジオストクに本社のある極東船舶公団所属の船団を中心に、月間30隻以上のソ連船の入港があり、また、横浜―名古屋―大阪―ナホトカを結ぶ定期貨物船の航路も開設され、とにかく入港するソ連船を毎日訪船するのが日課となった。

最初の注文を受けたのは、大阪港桜島埠頭に早朝入港し、翌日夕刻に出港するアナディール号という3000トンほどの石炭運搬船であった。船長に面会し、何か注文ありませんかと聞くと、少し欲しいものがあるが、初めての会社には発注したくないとのこと。ソ連領事館に意見を聞いて見るというのである。「そんな悠長なことをしていては、とても出港までに商品の納入は間にあいませんよ」と、機関長、一等航海士をくどき落とし、やっと貰った注文は、もったい付けた割りには少なく、たったの4万円であった。

翌日、初仕事にはりきって事務所に出勤し、注文リストをよく見てみると、金額が少ないくせに、ボールペン、タイプ用紙、鉛筆、消しゴム、ペイント4kg、などなど多岐に亘り、しかも、キッチリ、ロシア人が大好きなチューインガムまで含まれている。これだけの品を当日午後3時頃までに現金で買い揃え、しかも、税関申告用紙をタイプし通関の上、インボイスとともに本船出港前に配達・納入しなければならないのである。

なにはともあれ、めでたい初仕事とばかり、おんぼろデリカに飛び乗り、大阪市内を駆け回り、商品を全て現金で買い集め、ダンボール箱につめこんだのは、すでに時計が午後2時を回った頃であった。勿論、昼食を食べる余裕などありはしない。

やっとの思いで、商品を担いでタラップを登り、機関長がアイテムをチェックし、さてインボイスにサインしてもらえば業務終了と思いきや、消しゴム、鉛筆類の文房具はソ連税関規則で購入禁止品目となっているので、その金額分パッキンを購入したことにし、請求書を作成してくれとのこと。そこで、本船備え付けのがたがたのタイプ機で、もう一度インボイスを打ち直していると、機関長は、出港前に欲しい品物が入手できたのがよほど嬉しかったとみえて、わざわざワインをグラスに注いで勧めてくれた。

そうこうしているうちに、なんとなく部屋全体が大きくゆっくりと揺れはじめた。はっとそれに気が付いた私は、荷物受領書にサインを貰うと、あわてて外に飛び出した。案の状、本船はすでにもやい綱をはずし、タラップも半分引き上げられているではないか。このままではソ連まで連れていかれることになってしまう、と鞄を抱えて、やっと岸壁に飛び移ったのである。

そんなひと幕もあったが、例えわずかの商品でも、旧ソ連で不足している外貨で手に入れた貴重な必需品であり、港外に遠く離れ去るまで、手を振り続ける機関長の姿に胸を熱くしたものである。

こうして、出発した個人企業も、次第に固定客が付き、年間３０００万円程度の売上を最初の年から上げる事ができ、まずまずの船出であった。そして、売上さえ確保すれば、東京の青山１丁目の一等地に聳える高層ビルのワンフロアーを借りきった、日本で最初の日ソ合弁企業『東洋共同海運株式会社』が、翌月末には金額の多寡にかかわらず、キチンと現金で振り込んでくれるといった具合で、『親方日の丸』ならぬ、巨大国家ソ連の『赤旗』が保証してくれる、古き良き時代の、のどかな商いであった。

その後も次々と関西周辺の港に入港してくるソ連船舶を連日訪問し、食料、日用雑貨、航海用品、工具、パッキン、ペイントなどの小口注文を受注し、大きくても総額数十万円ほどの仕事をこなしていた。

ある日いつものように船長、一等航海士と回って注文を記録し、機関長の部屋へ行くと、息せき切って相談があるとのことである。何事かとよく聞いてみたが、私の当時の語学力では十分理解できなかったが、どうやらエンジントラブルで、至急修理が必要で手伝ってくれとのことらしい。

それまで、私は食料や雑貨類の供給しか取り組んだ事がなく戸惑ったが、とにかく「修理できる工場を探して手配します」と告げ、急遽事務所に帰り、神戸の船舶修理専門工場に連絡をとってみた。するとその工場の営業係はいとも簡単に「その修理は弊社が専門です」と返事してくれ、その日の午後早速、機関長と共に修理工場を訪問し、技術的打ち合わせを行い、数日でメイン・エンジンのクランクシャフトの、1メートルほどのベアリングの磨耗修復工事を完工できた。

おかげで完工後全ての書類も整い、機関長にとても喜ばれ、更に斡旋手数料20万円を獲得し、船舶修理手配のビジネスは効率がよいことが経験上わかった。

それからというもの、貨物船を訪船するごとに、簡単なビジネス・ガイド的宣伝物を渡して、船舶各種修理を仕事のメニューに加えた。これが船舶修理にたずさわることになったきっかけである。

最初の頃は梯子をつたって技術者と一緒に、2階建て住宅ほどある舶用機関エンジン内部に入り、油まみれになって通訳するなどして経験を積み、次第にマリンエンジニアリングを会社の主要業務にすえるようになった。

初めてのロシア出張で貨物船でナホトカに到着。

しかし、その後順調に業績を伸ばして意気揚々と毎日ビジネスに専念していたが、よいことばかりは続かないもので、１９７９年ソ連軍がアフガニスタンに侵攻し１９８９年までの約10年間大軍を派兵し本格的な戦争にソ連が介入し、アメリカは即座に経済制裁を発動した。

その結果、多数就航していたソ連船の日本〜アメリカ、カナダ、オーストラリアなどへのコンテナ航路は寄港地での荷役作業ボイコットが一斉に発生し、結局すべて航路廃止となり、日本から長年継続していたシベリアの石油、ガス掘削のための大量のコマツの機材輸出やプラント輸出なども停止され、ソ連船入港があっという間に激減してしまい、売り上げも月間数十万円以下に急速に落ち込み、毎月ため息ばかりつくこととなった。

それまで順調に推移していた業績が極端に悪化し、さしたる貯えもない私は途方に暮れた。そして、悩みに悩んだ末とにかく一度、当時の主要顧客先であるウラジオストクの極東船舶公団に商談を申し込み、ロシアに乗り込んで活路を開こうと決心し、極東船舶公団のコンテナ船に頼み込んで便乗し、極寒の2月ナホトカに勇躍向かった。

これが私にとって初めてのロシア訪問であったが、コンテナ船がナホトカ湾に接近すると胸が高鳴り、暗く垂れこめた雲のかなたに遠望できる沿海州の黒い山並みを甲板で眺めて興奮した。その薄ら寒い山並みに囲まれたナホトカ港を遠望すると、湾内は真っ白く1メートル以上凍結しており、砕氷型の大型タグボートが氷を割って静かに先導する中をコンテナ船はゆっくりと接岸した。次第に乗船している船が岸壁に接近すると、遠望していた時、まるでペンギンのように氷上に無数に散在していた黒点が、実は分厚い毛皮のコートに身を包んで零下20度の厳冬の中、凍結した氷上で魚釣りをしている無数の男たちの姿であることが分かり、驚いた。

それまで船員たちとの交流は連日あったものの、初めて本当のロシアの地を踏んで、「これがロシアだ、これがロシアだ」と感慨ひとしおであった。

「ナホトカ・ホテル」で極東船舶公団と商談
―ロシア亡命の女優岡田嘉子さんの隣で毎日朝食―

当時、極東船舶公団本社のあった極東最大の都市ウラジオストク（人口60万人）は、ロシア太平洋艦隊の根拠地で、外国人立ち入りを厳しく禁止された閉鎖都市であった。そこで、約１８０㎞離れたナホトカ市で商談することとなり、厳めしい軍服姿の入管と税関に厳しく審査されて無事上陸しホテル・ナホトカに旅装を解いた。

ナホトカは後ろに高い山並みを背負った港湾都市で、寒々とした岸壁には木材を満載した赤さびた貨物船が並び、大型クレーンが林立するコンテナターミナルも備わった、そこそこの規模の商業港であった。

しかし、当時市内にはホテル・ナホトカという古びたホテルが一軒あるのみで、周りの商店を覗いてみてもほとんどこれといっためぼしい商品の陳列はなく、ホテルの薄汚いトイレの便座も破損したまま何年も放置されており、寂しい田舎町といった風情であった。

夜になるとどこからともなく、派手に着飾って濃い化粧をした娘たちと若い青年たちが続々レストランに集結し、大音響を響かせてバンドが演奏を始め、レストランは突如賑やかなディスコと化し、深夜遅くまで若者たちが踊り狂い連日お祭り騒ぎとなった。

とにかく当時はソ連社会はすでに崩壊への第一歩を踏み出しており、日常生活用品は極端に不足し、万一あっても相当品質の悪い品物ばかりであった。例えば、どこに行ってもトイレットペーパーはほとんどなく、ブレジネフなどの演説が掲載されている共産党機関紙プラウダなどが小さく刻んでおいてあれば、よい方であった。従って落とし紙は水洗トイレに流すことは禁止され、脇に蓋のないバケツが無造作に置いてあり、そこに汚物にまみれた新聞紙を次々捨てるという仕組みであった。

また、朝食などもモーニングやバイキングなどといった洒落たものは一切存在せず、せいぜいまずいコーヒーか紅茶に固い黒パンと、申し訳程度の干からびたチーズやソーセージが添えられるといった程度で、野菜はほとんどなく、一週間も経つと、真っ白いお米やみそ汁の夢を見始めるという有様であった。

このホテルの3階には簡単なカフェがあり、何か野菜でもないかと覗いてみたが、やはり漬物のキャベツくらいしかない。しかし、赤ら顔のおばさんが明日はキュウリが入荷するかもしれないというので、翌朝急いでドアを開けると、おばさんは「キュウリがあるわよー！」と叫んでいる。私も息せき切ってテーブルを見ると、親指大の可愛いキュウリが数個並んでいるではないか。そこで、早速注文すると、おばさんはまるで宝物にでも触るように1、2個キュウリをつまんで、丁寧に重量を秤り3ルーブルと値段を付けた。こうして数日ぶりにようやく青い野菜を口にすることができたのである。

その頃、ホテル・ナホトカ滞在中、レストランの朝食の際に、となりの席に静かに座って朝食をとっている、小柄で白髪の上品な老女を何回か見かける

初めてのロシアで出会った子供たち。

ことがあり、よく注意してみると時折雑誌で見かけた元花形女優の岡田嘉子さんであった。

彼女は昭和13年1月3日厳冬の中、樺太の日ソの国境を、愛人の日本共産党密使であった杉本良吉と訪れ、地吹雪の吹きすさぶ中で警備の警官を振り切って橇を走らせ、ソ連領に亡命を果たした。その後、スパイ罪で杉本は銃殺、岡田嘉子さんも長期の牢獄生活を経て、ソ連国籍を取得し、再婚してモスクワに住み続けてモスクワ放送のアナウンサーなどに従事、１９９２年にモスクワの病院で最期を迎えた人物である。

私が恐る恐る名刺を差し出すと、彼女は丁寧に「岡田と申しますが、あいにく名刺を持ち合わせておりません、失礼いたします」と可憐な小声で囁いた。さすが元大物女優といった風貌の魅力あふれる素敵な女性であった。

このナホトカホテルで、１８０㎞離れたウラジオストクからわざわざ駆けつけてくれた、極東船舶公団幹部の船舶修理や部品調達部門責任者との商談が行われた。とにかく何かよい仕事をくださいと言うだけの商談は、彼らをがっかりさせたようで、次回には具体的提案や商談を持参してほしいと、いささか苦言を呈されたが、極めて親切な対応をされ、とても勉強になった初めての商談であった。

第四章　ソ連海運省との事業提携で大きく飛躍

ウクライナ訪問開始　―オデッシート達との出会い―

創業後しばらくは、大阪港中心に停泊中のソ連船の船用品、食料の調達納入をしていたが、ロシア極東から入港する貨物船以外に、時折プラントを積むために来航してくる、ウクライナ共和国オデッサに本社を構え、３５０隻の船腹を誇るソ連最大の黒海船舶公団所属船は、1万トン以上と船体も大きく、航海日数も3ヶ月以上～1年と長く極めて上得意先であった。それに、船員たちも極東ロシアの比較的素朴で、単純な人間とは一味違いユーモラスで明るく、彼等の話すアネクドート（小話、笑い話）も愉快で小粋なものが多かった。

そして、次第にこの黒海船舶公団所属船との交流が私の会社の中心業務となってきた。とりわけ、その当時日本からは直径1メートル40センチほどの大径鋼管(ガス、石油パイプライン用)と呼ばれるパイプが、ソ連に毎年１００万トン以上継続的に輸出されていた。それらの鋼管の輸送は、ほとんどこの黒海船舶公団所属の、全長３００メートルを超す5万トンクラスのバルクキャリアー10数隻によって行われており、3～4ヶ月ごとに定期的に八幡、鹿島、君津、千葉、

オデッサで友人たちと歓談。（中央が著者）

川崎、福山などの大手製鉄所に入港し、約1ケ月ずつ停泊し、甲板上にも積み上げて、2万トン以上一回に輸送する大輸送作戦を展開していたのである。

これらの船団が入港すると、少なくとも、一回に平均船用品500万円程度必ず注文があり、極めて魅力のある仕事であった。私はこれらの10隻程のシリーズ船に狙いを定め、どんな遠方であっても、入港と同時に、例え最初何の注文もなくとも挨拶に回った。

そういった、営業努力が報いられたのと、またオデッサの人々の気風によくあったのか、私はこのウクライナからの船乗りたちにいたく気に入られてしまった。彼等はとても人懐っこく、遠方から私がわざわざ彼等のためにやってきたことを知ると、長い航海で疲れているにもかかわらず大歓迎してくれ、よく船長室で延々数時間も飲めや歌えの大宴会を催してくれた。

オデッシートとはロシア語で「オデッサっ子」と

でも言ったニュアンスの言葉で、モスクワの人々は何故か、彼等の事をあまりよく言わない。一つにはオデッサにはユダヤ人が最も多く住んでいて『９９．９９パーセント、オデッシートはエブレイ（ヘブライつまりユダヤの意）』などと憎々しく広言して憚らない人もいる。しかし、オデッシートは、「オデッサはソ連中で一番美しい町で、美人が多い」「モスクワなんか単なる大きな田舎にすぎない」などと減らず口をたたく。

そんな彼等に言うと泣いて喜ぶのは『オデッシーッティ・フセー・アルチースティ』である。これは「オデッサっ子はみんな一人一人がアーティスト（芸術家）」という意味で、私の経験ではこれほど彼等を喜ばせるほめ言葉は他に見当らない。

その様に、自慢するだけあって、オデッサはユーモアの町である。街の中心にチアトル・コメディーという立派な劇場があり、私も一度そこで、漫才・漫談を見たことがあるが、吉本新喜劇などよりもはるかに、もっとレベルの高いユーモアの演出がなされているのに驚いたものである。

さて、彼等の小話を一つご紹介してみよう。

「落下傘とコンドームには決定的相違点が一つだけあります。それはなんでしょうか」というものである。これは、ある船長から宴席で出された質問である。私が正解をあてれば船長がウオッカを飲み干し私は解放され、万一不正解を答えれば私が負けとなり、朝までウオッカを飲まされる羽目になるわけである。

冷や汗かきながらあれこれ答えたが、正解にならず、とうとう翌朝まで酒の相手をさせられてしまったことがある。正解は『もし破れたら――人間が死ぬか、生まれるか――まさに決定的相違点が両者にある』というものである。

そういった船乗りとの楽しい付き合いが続き、順調に業績も伸び、私はおんぼろ車に乗って、茨城県鹿島から福岡県八幡や小倉あたりまで、毎日のようにこの大径鋼管輸送船団ゾーヤ・コスモデミャンスカヤ号型シリーズ船団を訪問し続けていた。売上高も飛躍的な伸びを見せており、年商3億円を創業5年で越えようとしていた。

とりわけ、黒海船舶公団所属船舶からの受注は鰻登りに増え続け、あるバルクキャリアー船の船長から「お前のことがオデッサで話題になっている。すぐに、船舶公団の技術開発部長のシェフチェンコのところにゆけ。きっと良い話があるはずだ」との重要な示唆を受けた。

黒海船舶公団輸送技術開発部長シェフチェンコとの交流

1979年（昭和54年）夏、はじめて私はモスクワ経由オデッサに出張に出掛け、黒海船舶公団を表敬訪問したことがある。その時は創業間もない、私の会社を知っている人も少なく、とにかく、挨拶を交わし、知り合いの船長や機関長と連日呑み歩くだけの旅であった。しかし、毎日ロシア人やウクライナ人船員と船上で出会っており、スラブ人に慣れているつもりであったが、実際ソ連領土に足を踏みいれてみると、そこは、全く未知の文化圏であり驚きの連続であった。

初めてのモスクワを散歩していると、若者がにこやかに近寄って来て、「お前は日本人か」と問い掛けてくる。そうだ、と答えると、突然にこやかに握手を求めて来て「ソニー、ナショナル、トヨタ、セイコー、オーチン・ハラショー」というわけである。

空港から市内に向かうタクシードライバーに、モスクワにはどんなレストランがあるのか聞くと、「お客さん、このソ連製のボロ車で真面目にいくら働いても、我々はレストランなんかで食事は一生できませんよ。妻といつも、いつになったら綺麗なドレスに身を包んで、レストランで楽しく食事出来るのでしょう、と話し合っているんですよ、だから、モスクワにどんなレストランがあるのかなんて、全く知りませんよ」と続いて、「とにかく我々は犬以下の生活しているんですよ。一度私の住んで居るコムナーリナヤ（台所、トイレ、風呂など共用で3～4家族一緒に住んでいる安アパート）をお見せしたいくらいですよ」と言うのである。

そして市内に入るまでの一時間の間、延々とソ連という国は共産党が居座る限り、良くならない。こんなひどい国は世界中にない。などと不満をぶちまけ喋り続けるのである。

私はいささかこの話にはショックを受けた。大学時代学生運動にも少しは関わったこともある我々の世代は、ソ連、中国が一時憧れの国であり、社会主義は理想の制度ではなかろうかと、本気で思っていた時期もあるくらいである。ところが、ソ連到着と同時に〝犬以下の生活〟と激怒し、自分の国や共産党をこき下ろす、ごく普通のロシア人の出現に驚いてしまったものである。

また、国営食料品店をのぞくと、野菜類はすべて日本で言う泥だらけのクズ野菜ばかりで、日本ではすべて商品価値のない、腐りかけの捨て去るべき種類の品物が、無造作に申し訳程度に陳列してあるだけである。彼等の主食ともいえるジャガイモも、親指大のものばかりである。それに、万事汚い。瓶詰め食品、缶詰め、などは比較的大量に置いてあるが、レッテル、包装が日本では考えられないほど、お粗末極まりない。

しかし、そのお粗末な食料品店の店員嬢も買い物客のおばさんや、若奥さんも、どの一人を取っても、綺麗に化粧し溌剌としており、まるで見とれてしまう程洒落ていて、なんとも言えないアンバランスな感想を持ったものである。

その頃モスクワで聞いた笑い話の一つに次のようなものがある。

「モスクワ市内の街角に5、6歳の少女が、零下20度の寒空の中、数百人もの行列に一人で並んでいるので、外国人が心配して何のために行列に並ぶのかと聞くと、牛乳買うのに行列しているとのこと。そこでママは何処にいるのと聞いた。すると少女は、食料品店の前に延々と並ぶ行列を指差して、『ママはパンを手にいれるためにあそこに朝から並んでいるの』と答えた。それではパパは？　と尋ねると、『パパは宇宙飛行士なの。今ロケットに乗って宇宙旅行しているの』と答えたそうである」。

一見平穏そうに見えたブレジネフ時代の矛盾と、ソ連崩壊への萌芽を感じさせる小話ではないだろうか。

さて、今回、第2回目の訪ソの商談相手である、黒海船舶公団の輸送技術開発部長シェフチェンコとは一体どんな人物なのか、私は事前に何ら有力な情報も得ることもできず、慌ただしい出発となった。

船長からの情報によると現在、ガス、石油の輸送用大径鋼管の運搬にあたっている船団のデッキ上に積載するパイプは約８０００トンである。しかし、その安全性に問題があり、すでに航海中荷崩れ事故が多発している。そこで、少なくともその内主要な６隻の姉妹船の甲板用荷役資材の金具、チェーンなどの破断強度を36トンまで引き上げる必要があり、６隻分は最低ワイヤーロープ、チエーン、すべての金具類を、外国で調達し総代えする予定であるとのことである。万一６隻分すべて新たに購入するとなると、合計1億円近い商談となることは確実である。

私は大阪から成田空港に到着すると、早速成田山不動尊にお参りして、この商談が成功裏にすすめられるように真剣にお祈りし、アエロフロート機上の人となった。

その当時、アエロフロート・ソビエト航空は全く人気のない飛行機で、とにかく安いだけが取得の旧ソ連時代の小型機ＩＬ64が就航する路線であった。しかも、極めて理解に苦しむ値段の決め方で、成田―モスクワを飛んで、モスクワで降りるよりは、ヨーロッパのどこかの都市までそのまま飛んで、その町で一泊後、翌日モスクワに引き返す方が、ホテル代を差し引いても10万円以上安くなるという価格体系であった。

これはその後、年間数回以上ソ連・ロシアに出張を繰り返すことになった私にとっては、大変都合のよいシステムであった。

この時は、成田―モスクワ―コペンハーゲンと飛んで一泊し、翌日の夕刻、コペンハーゲンからモスクワに引き返した。人口60万人のデンマークの首都コペンハーゲンは、石畳の静かな町並みと緑に包まれた運河の町であった。

慌ただしく翌朝チェックアウトすると、タクシーを雇って、数時間の市内観光をお願いした。50代位に見える人の良さそうな運転手さんは、意外に英語が堪能であった。アンデルセンの住居や運河に浮かぶヨットなど、まるで絵葉書そのもののような世界にうっとりとしていると、彼は、どうしても貴方に見てほしいところがあるというのである。「ではお願いします」というと、早速車をまわした。

到着した所は何の変哲もない、木造二階建ての会館風のところであった。入り口近くまでくると、そこには弾痕のあとも生々しい一見市民の手作りとわかる、錆果てた装甲車が展示してある。彼は、今から私に何を見せようと言うのであろうか。ぐんぐんこの会館に私をひっぱっていく彼の背を見ながら私は考え続けた。これは、戦争博物館または市民抵抗平和博物館とでも言うべき建物であった。

デンマークはナチス・ドイツに席巻され、ファシストの占領下に一時期置かれたことがある。そして、市民の多くはその圧制に苦しみ、パルチザンとなって命がけの地下抵抗運動を続けたことがあり。まさに、その抵抗の歴史を物語る展示物の数々であった。

ある手刷りの印刷機の前で運転手さんは立ち止まり、私に「この印刷機を見てどの様な印象を御持ちですか」と聞いてきた。私は一瞬彼が何を言おうとしているのか理解できなかった。

「この印刷機は、地下抵抗運動を組織した市民が、反ファシズムの情宣ビラを印刷していたものです。この機械がドイツ兵の家宅捜査で発見され、その場で有無をいわさず家族全員射殺されました」。

淡々と語る彼の言葉に、思わず私は目頭を押えてしまった。そして、最後の展示物は、壁いっぱいに張られた、市内を市民がパレードする様子を撮影した写真であった。その写真の中央にはバスの上に子供も大人も鈴なりとなって、万歳している様子が写されていた。

再び彼は私に近づくと、「この子供は誰だか判りますか」と聞いてきた。それは誰ですかと聞き返すと、彼はにっこりと微笑み「これは私です。ファシストを自分たち市民の手で打ち破り、私の町から追い払った日の感激は今でも忘れ去ることはできません。私は日本からこられたお客さんである貴方に、私の町の誇りを是非見てほしかったのです」というのである。

日本のどこかの町で、外国人がタクシーに観光案内を依頼して、この様な運転手さんに出会う事は決してないのではないだろうか。私は、10万円得をした上に、コペンハーゲンの町の誇りを見せてもらった感動を胸に、再びアエロフロート機でモスクワに向かった。

それからモスクワを経由し、綿雪のように町中ポプラの花弁の舞う、ウクライナ共和国オデッサに到着したのは、6月中旬のことである。

モスクワから約1200キロ南へ下り、イスタンブールの対岸400キロに位置する、黒海に面したオデッサは、人口150万人の捕鯨船基地もあるカモメの飛び交う港町である。

とりわけこの町には、皇帝批判の詩作を咎められて、首都を追放されたプーシキンが一時滞在し、ロシア革命前若き日のゴーリキーが、オデッサ港で荷役人夫をしていたことで有名である。また、革命勃発時に戦艦ポチョムキン号の水兵が赤軍に呼応して反乱を起こし、皇帝側の艦長はじめすべての将校を束縛、軍艦を乗っ取ってオデッサ港に凱旋した。そして、彼ら反乱水兵を歓迎した多数の市民が待ち受けるオデッサ沖に姿を現した時、帝政ロシアの白軍側の一斉射撃によって、老若男女の多くの市民が虐殺された巨大な『ポチョムキンの階段』がそっくり昔のままに残っている革命と動乱の舞台となった、歴史の町である。

石畳の通りにカシュタンニイ（栗の木）が鬱蒼と茂り、古色蒼然たる２００年前の町並の残る、モスクワ・サンクトペテルブルグなどとは、また一味違った南の町である。

のどかなオデッサ空港に到着すると、周りは広葉樹の森におおわれ、空港の出口には色とりどりの花束をかかえた出迎えの、多数の市民が待ち受けており、次々と降りてくる親戚や、友人と大仰に抱き合って再会を喜びあっている。

黒海船舶公団輸送技術開発部長シェフチェンコは、外国人専用出口を出た所で、一人で私を迎えてくれた。目のぎょろりとした、赤ら顔で頭の禿げ上がった男である。

簡単に挨拶をかわし、用意してくれたロシア製の車ボルガに乗り換え、20分ほどでこれから宿となる、プーシキン通りのクラースナヤ・ホテルに到着し旅装をといた。

クラースナヤとはロシア語で『赤』と言う意味であり、建物も赤、客室内装もレストランのテーブル、ウェイトレスの制服もすべてワインレッドに統一された、その後毎回私の定宿となったホテルである。この時、船舶公団に提出済みの見積書、サンプルにもとづいて連日協議を行ない、１週間後に約８０００万円の荷役資材納入に関する契約を、勝ち取る事ができたのである。成田山でのお祈りのお陰であろうか、私にとっては会社創立以来はじめての、大ホームランとなったのである。

この時の交渉相手となったシェフチェンコは、人間的にも実に面白い愉快な人物であった。交渉が一段落すると、毎日のように、結構色っぽいミュージカルショーのあるクラースナヤ・レストランに繰出し、ウオッカ攻めにあった。そして、恋女房のナターシャと18歳の美人で自慢の娘カーチャをつれて、最後のサヨナラパーティーに現れ、盛大な夕食会を催してくれた。

しかし、その宴席でどうも、この母親と娘の折り合いが悪いようであった。

要するにシェフチェンコは、御多分にもれず再婚であり、最初の奥さんとの間の連れ子で、次の奥さんであるナターシャにも、前の夫との間に生まれた息子と、シェフチェンコとの間に生まれたドミトリーという、まだおしめを外していない1歳の息子がおり、複雑極まりない家族構成であった。

彼はとても真似ができぬほど女性に優しく、娘と奥さん双方にシャンペンを、実にタイミングよく注いでやり、音楽が変わるごとに、順番にダンスに誘い見事に踊りこなすという、才能の持ち主であった。

まさに、彼は『オデッシーテイ・フセー・アルチースティ』そのものであった。

このシェフチェンコとはこれが縁となり、双方の家族ぐるみで10年以上にわたる親密な交際が続き、また、会社発展の基礎となった数々のビジネスを共に展開する事になったのである。

しかし、この発展家はその後しばらくすると、再びこのナターシャと離婚し、第3回目の奥

シェフチェンコと2番目の妻ナターシャ。

さんとなるタチヤーナ（ターニャ）を、私に目を細めながら紹介してくれた。そして、最後にはこの3人目の奥さんとも離婚し、家も車も貯金もすべてくれてやり、真っ暗闇の公園のベンチで古びたアタッシュケース1つを叩きながら、これが自分の全財産となったと、寂しく笑って私に悩みを語った。

とにかく、ロシア人やウクライナ人は愛し合うのも早いけれども、別れる事もいとも簡単で、アッケラカンとしており、離婚率は優に4割を越えているのである。

さて、オデッサで何回目かの各種ビジネスの協議を無事終了したある冬のことである。モスクワ郊外にあるブヌコボ空港に降り立ったのは、すでに夕闇の迫る頃であった。約1時間タクシーに揺られて赤の広場近くのインツーリスト・ホテルに落ち着いたが、空腹に襲われ、早速中華料理店『北京』に電話で席を予約した。そして、タクシーで寒空を駆けつけ巨大な扉を叩くと、まるで鬼のような面相のお婆さんが出てきて、「何しにきた?」と目を吊り上げて尋問口調である。私は予約した席に案内してくださいと依頼するが、とたんに「席はありません」と無愛想にお婆は宣言すると、ガチャンと扉を閉めてしまうではないか。

当時モスクワでは、予約なしでは夕方レストランに座ることはほぼ不可能であった。しかし、私はたった今予約を入れたばかりである。そこで、再度扉を叩くと件のお婆がまた現れ、「時間の無駄だ、帰れ!」とのたまい、「アナトリーさんに電話で予約した」といくら主張しても、そういった名前の男はいないとの一点張りで、野良犬のように追い払われてしまい、途方に暮れた。外は零下20度の気温で、しかも吹雪である。

空腹に耐えられず私は、レストラン『北京』を後にし、猛吹雪の中を向かいのレストラン『ミンスク』に向かい再びドアをノックしてみたが、直ちにきっぱり「席はありません」と宣告され、また、とぼとぼ雪道をたどらなければならなかった。

その後3軒目のアゼルバイジャン料理の店でもやはり断られ、それから雪を掻きわけ、息も絶え絶えの状態でようやく4軒目にたどり着いたのはクレムリン近くで、表にグルジアの英雄ドルガルーキー公の馬上姿の銅像が立っているその地下の、グルジア料理レストラン『アラグビ』であった。

ドアを開いたひげ面のグルジア人は、胡散臭そうにじろりと一瞥し、ようやく中に招きいれてくれ、久し振りに美味しいグルジアワインを飲み、様々な民族料理に舌鼓を打って、至福の時を過ごした。

レストラン『北京』(モスクワ)。

だが、その日の悲劇はまだまだ幕を下ろしそうにはなかった。やっと空腹を克服し、さてホテルにご帰還とばかり、レジに向かうと、請求書にはルーブルで価格が記載してあり、ルーブルしか使用できない店と分かった。

その時の私は、クシャクシャのわずかな小額のルーブル札しか持ち合わせず、残りはドルで支払うと言うと、そのウェイターは途端に目を吊り上げ「ルーブル以外は使用できません」と宣言し、睨み付けるではないか。

ほとほと困り果てていると、声をひそめて小声で『セイコー』は持っているかと聞いてくる。その時安物ではあったがセイコー腕時計をはめていたのが幸いであった。結局、その腕時計をグルジア人ウェイターに売却して無事身柄を解放され、その日の酔いもいっぺんに覚める思いで店を後にした。ソ連時代たけなわの懐かしいモスクワの思い出である。

またある日には、当時最大のショッピングセンターと言われた、モスクワの赤の広場に隣接する国営百貨店グムで、何か買い物をしたいと思い覗いてみたことがある。グムの外観はとても立派な帝政ロシア時代の厳めしい建物であり、楽しみにして店内に入ったが、とにかく展示してある商品にはろくな品物はなく、まず日本では全く販売もできそうにない、時代遅れの粗悪品ばかりが陳列されていた。しかも、結構可愛い女性店員さんがあちらこちらに立ってはいるが、無愛想に客をにらみつけ、まるで売ってやるといった態度である。

私はあれこれ探して銅製の民芸品の壁掛けを選び、もう少し接近してよく見たいと思い、その品を手に取ると、即座に愛くるしいお下げ髪の娘さんに、「お若いご仁！　触るな、出ていけ！」と怒鳴りつけられてしまった。

そこで、私は恐る恐るこの民芸品が欲しいことを告げると、遥か彼方の方向を指さし一言「カッサ」と叫ぶではないか。

要するに対面で販売するのではなく、まず陳列棚からほしい商品を選んで商品番号をメモし、それからカッサと呼ばれるレジの行列に並んで、そこで清算してから領収書を受け取り、件のお下げ髪の少女に渡して、ようやく商品を受けとれるという仕組みであった。

その指示に従い、清算を終えてその紙切れを売り子の娘さんに渡すと、にこりともせず、黙って壁掛けを取り包装を始めた。そしてここでもまたびっくりである。

彼女の出してきた包装紙とは、日本では見たことがないくらいお粗末な渋茶色のごわごわした雑用紙であり、しかもそれをハサミでまっすぐに切るのではなく、両手でビリビリ破り割き、これまた日本ではお目にかかれないような、お粗末な茶色の紐で荒々しく縛り、ポイと私に渡して、さっさと出て行けといった態度である。これが花のモスクワの、赤の広場前一等地の国営百貨店かと思ったほどである。

まさにところ変われば品変わるではないが、その当時のロシアのレストランでは「食べさせてやる」であり、国営商店では「売ってやる」が当たり前で、ロシア滞在中は毎日ストレスが蓄積されるばかりであった。

また、ロシアでは時差が全国14～15あり、更に夏時間と冬時間とがあり、秋にある日を境に1時間時間を早めて変化する。それも大々的なお知らせはなく、新聞に小さく告知されるのみであり、うっかりすると大きなトラブルとなる場合がある。

ある時私も、帰国する日にその時差が変化する日と重なっていて、うっかり1時間早くなることに気が付かず、モスクワのシェレメチェボ空港に駆け付けた時には、すでにチェックインカウンターが閉まり、搭乗不可能となってしまった。結局その日は帰国が不可能となり、再度ホテルに帰還し、ビザの延長、宿泊ホテルの確保、切符の変更を行わなければならなくなり、大騒動になったのである。

そこでまず、ビザの延長を行うインツーリスト（外国人専門旅行社）のカウンターに行くと、眼鏡の素敵なお嬢さんに「ホテルの予約が先です。滞在場所を確保してから再度おいでください」と言われた。そこで、同じホテルのビザ係のデスクに行き事情を話すと、化粧の濃い中年女性から、今度は「ビザがなければ、ホテル確保はできません」と冷たく言われ、再度インツーリストに出向くと、今度はくだんの眼鏡の女性が不在で、結局2時間待たされ、ようやく彼女とホテル予約係との協議の上、ビザ延長がかなった。そして、再度ホテル予約係の方に戻ると、今度は、彼女は電話でボーイフレンドと楽しい長話中で、延々20分ほど待たされ、ようやくホテルが確保できたが、もう正に疲労困憊状態である。そして最後には航空券確保のため、走り回るはめになった。結局すべてが解決し、ホテルに無事落ち着いたのは夕闇迫る頃であった。

とにかくこの頃のロシアは、あらゆることが全く非能率的で、1週間ほど滞在する頃には、ストレスが溜まって毎日頭痛が止まらなくなるほどであった。

しかし、ロシア人やウクライナ人たちは、極めて日本人に対しては親切であり、対日感情はとてもよく、何回も嬉しい思いがしたものである。

ある日にモスクワのホテルでエレベーター待ちをしている時の話であるが、付近を掃除していた叔母さんがしげしげと私の顔を見て、「日本人ですか?」と聞き、その通りと答えると、ニッコリ笑って「やっぱり日本人は賢そうな顔をしている」と言い、更に付け加えて「世界中で日本人とドイツ人が一番賢い」と正にべた褒めである。しかし、よく考えてみれば第二次世界大戦では不幸にもソ連とドイツ、日本は敵どうしとなり、しかも、双方ともソ連に敗北した民族ではないかと思う。そしてその頃は旧ソ連の経済が大きく後退し、非能率的社会主義経済の仕組みが破綻しかかっていた時期であり、ロシア人たちは全く自信を失い、西側諸国の方がずっと文化が進んでいるとの考えが大きく広がっていた。

また、ある時ウラジオストクの中心地の広場で、数人の日本人客と一緒に回りを見物していると、一人の買い物袋をぶら下げた老婆が私に近寄り、突然「私たちはあなた方日本人が大好きでーす！　日本のことをとても尊敬しています。」と話しかけてきた。

私はみすぼらしいその老婆を見下し、てっきり何か土産物でも袋に入れて売りに来たと思い、怪訝な顔で彼女を見下ろした。すると、彼女はもう一度「日本のことが大好きでーす！」と再宣言し、くるりと踵を返してすたすたと去っていくではないか。そのとき私は彼女が本当に日本人を『尊敬』しており、偶然見かけた大好きな日本人に素朴にそれを伝えたかったのだと悟り、自分がそういった純情な相手を物売りに来たと心の中で一瞬でも蔑んだことを大いに恥じた。

国と国の間でどのような政治的対立があり、例え戦場で矛を交わすことがあっても、一般民衆の心はやはり同じ人間同士として、友好の心を失わないものだと思ったものである。

船舶用機器ウクライナ、ロシア向け輸出を本格的に開始

シェフチェンコの発注した、大径鋼管荷役用資材の大口注文を無事に納入終了すると、当時、ソ連海運省次官が総裁を兼務する、ソ連最大の黒海船舶公団の「岩佐貿易（株）」への信用は絶大なものとなった。そして、次々と各種大口商談が寄せられ、入港船舶を訪問し、御用聞き的に小額の商品を各船別に納品するという、単なる御用聞き的船具屋さんから、急速に脱皮してゆくこととなった。

その当時、旧ソ連では、外国貿易省傘下の品目別公団を通じて交渉、契約するのがオーソドックスな貿易形態であり、それを統括する外国貿易省が独占的権限を持っており、その他のソ連の組織はいかに巨大企業であっても、全く国際貿易を行う直接的権利を持たされてはいなかったのである。

３５０隻もの巨大な船腹を所有し、６万人の社員を抱え数百隻の船舶を世界に展開する、ソ連最大の黒海船舶公団とても例外ではなかった。所属船舶が海外の寄港地で自分たちの航海に最低限必要な品目のみ購入許可されていたが、まとめて、必要な品々を船舶公団として通常の貿易形態で輸入することはご法度の時代であった。

しかし、もうこの頃は、こういった硬直した中央集権的経済政策は、現実的でないということが次第に常識となりつつあり、多数の船舶の世界的運航を行い、各地でメインテナンスをより効率的に行う上でも、大きな障害となっていた。

そのような矛盾を背景に海運省では、独占的に海外取引を行う外国貿易省傘下の、スドインポルト公団と非常にギクシャクした関係になりつつあり、スドインポルト公団経由発注した品物は、最低1年以上経過して入手されるという気の遠い話で、おまけに商品価格も高く全く不合理であるとの結論に達していた。

また、所有船舶の円滑な運航に必要な船用機器、エンジン部品、各種船用品、更に傘下組織の各地港湾局の港湾荷役機械などを、自分たち自身の手で選び、独自に契約し、自分で直接入手したいという強い要求を持っていた。

私がオデッサに飛び込んだのは、まさに、船舶公団のそういった欲求が頂点に達し、なんらかの法制的整備を行い、なしくずし的に外国貿易省を経由せず、あらゆる商品を直接輸入しようとした機運が爆発点に達しようとしていた時であった。

至急オデッサに呼び出され、副総裁技術部長ボンダリョフとの会談にのぞむと、「これからは、船舶公団は独自にほとんど全ての商品をまとめて直接購入することになった。そこで、貴社もこの方針に協力をしてほしい。とりわけ、日本から購入したいものが大量にある」と厚さ5センチほども厚みのある、大量の引き合い書を渡されたのである。

そして、船舶公団副総裁とともにオデッサからモスクワに回り、ソ連海運省本庁担当部署との各地船舶公団を相手とする船用品、船用機器及び部品などの委託販売方式でのビジネスを推進する、代理店契約を正式に締結し、大きな一歩を踏み出した。

これだけの分厚い引き合い書を、今だかって受けとった事のない私は、これは千載一遇のチャンス到来とばかり、喜び勇んで帰国し、早速全力で見積書の作成に取りかかった。

その引き合いの内容は、全所有船舶の年間購入予定の航海用品、船用品のリストであった。パッキン、ペイントブラシ、ペンチなど一般工具、エアー工具などなど、細かい船具類をまとめて詰め合わせして約400セット購入し、オデッサ近くの港湾都市イリチョフスクの委託販売センターの倉庫にストックしておき、全船舶にそれぞれ入港毎に配達して行くというもので、ただこの支払い条件とは本船納入後、随時送金という後払いの委託販売方式であったが、合計2億6000万円という見積書の金額に私は心奪われ、このビジネスの落とし穴に、その時は気付かなかったのである。

何回かの交渉の結果、この船用品詰め合わせセット400パックの受注に成功し、一挙に売上が倍増、年商10億円を達成しようとしていた。赤錆たオンボロ石炭船からもらった、最初のダンボール箱1個の注文4万円から、またたくまにソ連最大の所有船舶350隻を誇る船舶公団本社に乗り込み、1億円以上の商談を次々とまとめる事ができるようになった私は、有頂天であった。

早速帰国し、それぞれの品物について再見積りを取り直し、いざ発注という段階になって、取引先が尻込みし始め、注文を受けてくれない会社が続出したのである。

例えば今まで毎月10万円程度しか取引のない会社に突然、1000万円以上の注文をしようとすると、それだけの与信を一挙に拡大して与えてはくれないのである。注文さえ取ればなんとかなると思い込んで、嬉々として2億6000万円の契約書を懐にし、帰国した私を待ち受けていたそれが第一の関門であった。

これでは、せっかくまとめた商談も露と消えてしまうのではないかと焦りに焦った。そこで、その頃、最も多く仕入れをしていた船用品納入業者を訪ね、協力を依頼した。そしてこの同業者の協力のもと、やっと6ヶ月の手形を振りだし、この業者を通じて全ての商品の仕入れを行い数回に分割して、私の会社名がカラー印刷された、400パックの船用品詰め合わせセットを準備し、無事船積み終了することができた。そうして、スタッフも10人を超え貿易会社として本格的に体裁を整え始めていった。

ソ連海運省と船用品委託販売代理店契約締結。

しかし、このビジネスの大きなリスクに気付くには、それほど時間はかからなかった。それは全ての商品は一旦、イリチョフスク港の委託販売倉庫（コンサイメント・ストックセンター）に保管された後、入港する所属船舶にそれぞれ配達され、船長の受領サインの入ったインボイスにもとづいて、送金されてくるというシステムだった。つまり、支払い予定日が全く確定しない送金後払い方式で、2億円以上の商品を外国の相手に渡し、逆に支払い日のきっちり確定した手形で、仕入代金を支払うという、危険極まりないビジネスに足を踏み入れようとしていたのである。

また、いかに相手が大きな信用できる国営の公団であろうと、しょせんは、ソ連の様々な事情に左右される、不確定要素の極めて高いビジネスである。早速、荷物の到着が大きく遅れ、オデッサ港での通関に1ヶ月以上かかり、貨物が無事倉庫に搬入されたのは、大阪港で船積み後4ヶ月以上も経っていた。

私は分納しているとはいえ、最初の支払い先への5000万円以上の手形の期日を確認して、背筋が寒くなった。あと残り2ヶ月以内に約束どおり、コンサイメント・センターは、滞りなく無事送金してくれるのであろうか、またその後も、4回に分けて船積みすれば約束の期日に支払って貰えるのかどうか、と心配の種は尽きなかった。

ソ連時代、彼等は資本主義的自由主義国と直接貿易をしたことがない、と言う事は、普通のビジネスでは常識ともいえる、商の原則に極めて鈍感であった。

まず、商品の到着には口やかましくても、通関に2～3ヶ月かかろうと、支払いが遅れようと、無頓着そのものであった。口を酸っぱくして、日本では手形の期日が到来して、その会社の口座に資金が一円でも不足すれば、即企業は倒産に至る事を繰り返し説明しても、全く理解しては貰えなかった。

ソ連の辞書には〝手形・不渡り・倒産〟等という言葉はなく、どこの国でも資金が不足すれば自動的に、打ち出の小鼓のように銀行がいつでも、好きなだけ貸越してくれるものだと思いこんでいるのである。この契約遂行を通じて、自分のビジネスに関する経験不足を嫌というほど味あわされ、一年中毎月攻めてくる、ギロチンのような手形の恐ろしさ、ソ連社会と日本の

大経鋼輸送の花形船団の出港風景。

社会構造の相違の大きさと、それが直ちに大きなリスクに変化する恐ろしさに気付かされた。そしてやっと送金案内が送られて来ても、何時それは我が社の口座に実際振り込まれるのか全く不明で、モスクワの海運省の外貨事情にも大きく左右され、時にはオデッサを発信してから到着まで電信送金で2ヶ月以上かかることもまれでは無かった。すべては、私の経験不足、無知からくる大失敗であった。

それから、一年以上にわたって、続々と注文される商品を船積みすればするほど、手形がどんどん振り出され、常時手形振出し残高が3億円以上溜り、毎月3000万円~5000万円程の手形ギロチンに追いまくられるといった異常な状態が続いた。

これでは、受注額が増加すればするほど、手形地獄に陥ってしまい、表面上売上も利益も上げながら、決済資金不足による不渡り手形発生の可能性が増し、倒産寸前にまで何度も追い込まれ、ありとあらゆる借金を重ね、やっとの思いで何回も危機を切り抜けていった。

また、こちらがキッチリ円で契約しているにも関わらず、モスクワの海運省本庁は、勝手にドルに換算して送金してくる。これも為替リスクという大きな別の陥穽であった。

契約時、送金発信時、送金受領時とすべての時間差は為替リスクとなり、とりわけ円高の急激な進行時には送金到着日が確定しないため、為替リスクを回避する方法がなく、1回送金到着毎に百万円単位で損をしてしまうことがよくあった。

この苦い経験から私は『商いが大きくなれば、それだけリスクも大きくなるのだ』という、当たり前の原則をこの失敗の中で学んだ。

中古船8隻売買時の船用品納入で大きな成果
―シンガポールに現地法人開設し販路を拡大―

そういった困難の中でも少しずつ業績を伸ばし、ソ連海運省傘下の各地船舶公団との取引は拡大し続け、様々なビジネスが舞い込んできた。

ある時、ソ連海運省が日本で数隻の中古船を買付けする契約がまとまり、買付時に本船を引き取った後、造船所で一定の改装を行い、必要な船用品や消耗部品を大量に買い付けることとなった。そして監督官からの連絡で、瀬戸内海の造船所に売買契約のため停泊している貨物船を、至急訪船した。

その後も連続して、8隻の中古船の引き渡し時の船用品、消耗部品約7000万円の受注に成功し、次々とそれらをうまく納品したところ、監督官からシンガポールでも数隻の中古船買い付けの予定があるので、引き続きシンガポールでも、同様のサプライをできないかとの相談を受けた。

そこで、私はいつもの無手勝流で即座に「可能です」と答え、すぐにシンガポールに飛んだ。そして、その後現地のタミール人サプライヤーと共同で、数隻の船用品、機関部品を無事納入し、大きな信用を得ることに成功した。

そして、毎月100隻を超すソ連船が入港し、常時ケッペル造船所にソ連漁船数隻が修理のため停泊する、常夏の国シンガポールには大きなビジネスチャンスがあると確信し、現地法人

Iwasa-marine trading Pte Ltdという現地法人を立ち上げ、中国系シンガポーリアン数人を雇用し、日本と同様の船用品サプライ及び船舶修理代理店業務を開始した。

当時シンガポールにはケッペル、ジュロン、日系のヒタチ、センバワンという大手造船所が4社あり、Iwasa-marineはそれらの造船所とのビジネスを開始し、その後多数のソ連船舶の改造、修理を手配し大いに繁栄した。事務所はインドネシアの島々まで青い海が見渡せる高層ビルの34階に構え、すぐに年商3億円を超すまでに成長した。

そして、大阪本社岩佐貿易株式会社は、正式にオデッサの黒海船舶公団と船舶修理代理店業務契約を締結し、日本、韓国、シンガポールでの修理、改造に多数従事した。韓国ではプサンのBusan dockyard、蔚山（ウルサン）の現代重工の姉妹会社、Hyundai MIPO Dockyardなどでの修理手配が続いた。

その頃スタッフにも、船長資格保有者や専門の工務監督を2、3人雇用し、開業時の細々とした食料や細かな船用品を納入する業態から、本格的なマリン・エンジニアリング専門の会社に大きく衣替えしていた。

当時のシンガポールは物価が安く、年中湿度と気温の高いことを除けば、極彩色の南国の花が咲き乱れて実に美しく、インフラ整備も進んでおり、とてもビジネスがやり易い国であった。

サハリンの漁船10隻改装工事受注
―函館、韓国で完工し、売り上げ10億円―

その頃2ヶ月に1回ほどのペースで、ウクライナ共和国オデッサ市に本社のある黒海船舶公団に通い出したが、必ず成田からモスクワを経由して往来し、モスクワで往復とも一泊する日程であった。

その際に当時、モスクワ市内唯一の和食レストラン『さくら』に夕食のためよく立ち寄った。この『さくら』は当時、モスクワ市内のいわゆるソ連スタイルのさびれたホテルではなく、ウクライナ出身ユダヤ系アメリカ人の有力ビジネスマン・ハマーが建設した、最も洒落たホテルIntetnational Hotelの玄関入口脇にあった。日本人板前スタッフも数人いて、寿司、鉄板焼き、すき焼き、しゃぶしゃぶなどもメニューにある本格的和食レストランで、日本人駐在員や出張するビジネスマンで賑わっていた。

その『さくら』で神戸市外大同窓生で、当時モスクワ駐在員をしていた、水産関係専門商社マンの岩原良博氏と偶然再会し歓談した。お互いの生活やビジネスについて、よもやま話に花を咲かせたが、彼からサハリンの古い漁船10隻ほどを大改装し、日露合弁会社でチャーターしてソ連漁業海域で漁労をさせ、改装費や漁具、稼働費用などを一時立て替え、その費用をすべて漁獲類で支払ってもらうという企画を進めており、漁船改装について造船所を選択し、改装工事を企画し、工事の遂行を監督してくれる会社を探しているところだったそうだ。

その当時、私の会社はすでに、海運省傘下船舶公団所属船のシンガポール、韓国、日本各地の造船所での船舶修理、改造工事に従事しており、造船所出身の工務監督や元船長なども在籍しており、十分その仕事に対応できる能力を持っていたため、またたく間に彼と合意ができ、東京で詳細を継続協議することとなった。そして、しばらくして最初の1隻は函館でその他9隻は、韓国プサンの漁船修理工場でその改装工事を施工することとなり、私の会社はその工事の企画と、改造施工時の技術コンサルテーションと、工務監督業務を受注することに成功した。

この仕事はかなり大きなプロジェクトで、1隻あたり工事費は約1億円で、私の会社の手数料は5％と決められ、1年間で総額10億円を超す受注額となり、会社業績を大きく押し上げた。

しかし、よいことずくめではなかった。１００％信頼してこの大仕事を任せていた私より数歳年長の技術部長は、大手造船所出身の有能な工務監督で、表面的には大人しく紳士であったが、私がすべてを彼に任せきりにしていたため、このビジネスの詳細情報の全貌を獲得されてしまった。そして、1年目の10隻の改装工事が無事終了すると、彼はそそくさと辞表を提出して退職を願い出た。

何のことはない彼は、この仕事の出資者であった大元の、日本で有数の水産会社に自分を売り込み、その後継続する同様のビジネスを私の手から奪い去り、さっさと独立して、颯爽と韓国にわたり、継続した同様の漁船改造工事にしばらく従事し、巨利を懐にしたとのことで、正に〝本能寺の変〟はどこにでもあるものである。

古代ギリシャの遺跡に驚嘆するアテネ出張
―市内はぼったくりバーが花盛り―

前述のロシア向け中古船舶売買時の船舶売買及び、船用品調達の際間に立っていたのはギリシャの大手海運会社であったが、その取引が無事終了した頃、ギリシャの監督官から電話がかかり、ぜひ至急会いたいというのである。そこで、私はとるものもとりあえず、初めてモスクワ経由でアテネに飛び、近郊のピラウスという港湾都市に聳え立つ、その船会社を訪問した。2000年以上前に建設され当時栄耀栄華を誇った、パルテノン神殿やすり鉢状の円形劇場、そして市街地にも古代の遺跡が多数散在するアテネの町は、エキゾチックそのものであり、ロシアとはまた一味違った中々風情のある国であった。

夕方には、鮮やかな照明に浮かび上がるパルテノン神殿が見渡せる小高い丘のレストランで夕食をとり、ギターを抱えた弾き語りの流しの老人に、チップを渡して歌声に耳を傾け、老婆がかごに入れた香しい花を、テーブルに飾ってくれたりと、情緒豊かな楽しい数日を過ごした。

アテネから車で約30分ほどの所にピラウス港はあり、約70隻の貨物船を所有する海運会社の部長を務める旧知のギリシャ人と本社で面談し、別れ際に「今夜9時ころホテルで待つように」と囁かれた。そして、その夜彼はふらりと部屋に現れ、密談が始まった。

それは今回、ロシア向けに5万トン余りのタンカー5隻を韓国で建造することになり、出港時にそれぞれ1隻あたり約1億円ほどの船用機器部品、船用品を調達しなければならくなり、発注先選定を任されているというのである。ついては、ロシアに強いお前の会社に発注してもよいが、条件があるというのである。

「その条件は？」と畳みかけると、取引総金額の5％のをそのギリシャ人部長に、個人的なあっせん手数料として支払えというのである。もし、本当に5億円以上の取引であれば、かなり巨額な手数料である。

そこで、私はそれは貴社からの支払い受領後に、キックバックすればよいのか？　と確認すると、勿論支払い終了後で結構です。とのことであった。私は一瞬戸惑ったが、大勝負するつもりで、「ＯＫ！」と答え、「I agree with you !」と宣言して握手を交わし、男と男の固い契約成立となった。

しばらくすると、韓国の著名な造船所にギリシャ人監督官12名が常駐しはじめ、約2年の間に順次、ロシア向け大型タンカー5隻が引き渡され、もやいを解いて出航して行き、私の会社は総額6億円にもなる受注を獲得し、一部は韓国の船用品業者を通じて供給し、その他の商品は関釜フェリーで日本からトラック輸送を行い、すべての仕事を無事やりとげた。そして、分納による商品受け渡しが成功裏に終了すると、毎回迅速に支払いが行われ、その後くだんのギリシャ人部長から必ず電話があり、そして大阪の私の会社に現れ、応接間のドアを閉じると、即座に「5％」を請求され、その一部５００万円の札束は現金で手渡すと、即懐にねじ込み、一部はスイスの偽名秘密口座に振り込むよう指示し、「サンキュー」と会社を後にしていった。

とにかく、結構の利益も出る良いビジネスではあったが、斡旋手数料合計３０００万円を懐にした部長は、ヨーロッパに巨額の資金を隠匿し、豪勢な暮らしぶりであった。

その一方で、アテネ市街には失業者が溢れかえり、外国人観光客相手の飲食店は、詐欺まがいのボッタくりバーばかりで、税関までもがプレゼントや現金を堂々と要求するといった、無秩序な国であった。

アテネ滞在中、街角に立ってどこで夕食をとるか思案していると、20歳位の青年がすーと寄ってきて、「何かお困りですか?」と言うではないか。そこで、和食店か中華料理店を探しているというと、「私が案内します。無料ですよ」とにこやかに応対するので、渡りに船とタクシーに同乗し、動き出すと、「中華料理店の手前に、可愛い娘たちがいる小さなキャバレーがあります。日本人観光客は皆さんはそこで少し楽しんでから中華料理店で食事されます」とのことだった。そこでOKと答えると、小さなキャバレーらしきところで停車し、青年はその店を指さすとさっさと行ってしまった。

それからが大変である。青年のご推奨でその店に入ると、ギリシャ人、韓国人、ルーマニア人などのホステス数人が嬌声を上げて回りを取り囲み、私がビールを注文すると、お願いもしていないのに続々豪華な料理がテーブルを飾り、彼女たちは「シャンペンが飲みたいわ」と甘えた声でせがむではないか。

それまで私は、旧ソ連以外のヨーロッパ諸国を一度も訪問したことがなく、全く現地事情については無知であり、シャンペンはモスクワでは当時高々1本500円くらいでもあり、不用心にもOKを出し、彼女たちと賑やかにシャンペンで乾杯となった。そして、デイスコダンス

アテネ郊外で取引先女性とともに。

を踊り、席に戻ると再度彼女たちはシャンペンをお願いしますと言うではないか。

　何となくおかしいとは思ったがすでに時遅しで、もう一本程度ならと了承し、再度乾杯で盛り上がった。結局13万円ほどの請求書を突き付けられ、カードでやっと支払い、ほうほうの体で退散となったのである。

　そのあとようやく本格的和食店『美智子』を探し当て、寿司をほうばりながら愚痴をこぼすと、粋な日本人の板前さんが、寿司を握りながら「みんなシャンペンでやられてからここに来るんだよなー」と言った。帰国後読んだギリシャ旅行のガイドブックにも「シャンペンで騙されますので、ご注意！」との記述があり、私は全く教科書通りにぼったくられたわけである。

　しかも、彼女たちはシャンペンを飲んで酔っ払ったふりをしていたが、実際はシャンペンではなく、セブンアップジュースを飲んでお芝居をしていたのだそうである。

とにかく板前さんの話では、日本大使館職員がそういったぼったくりバーで、巨額の支払いを請求され、財布が空っぽとなり、結局ステテコ姿で大使館にご帰還となったそうで、正にくわばら、くわばらのギリシャである。

私は懐かしい寿司を平らげ、ホテルにタクシーで向かったが、途中運転手はしきりに「プリティー・ガール・チープ」と片言の英語で売春婦を勧めてくる。そして私が「ノー」と答えると、タクシーは真っ暗闇の道路で突然停車し、多忙なので降りてくれと放り出されてしまった。とにかく、この運転手の本職は客を運ぶことではなく、正に売春婦斡旋業であった。といったわけで、ギリシャへの淡い憧れやロマンチックなイメージは、数日の滞在で吹っ飛んでしまったのである。

その後私の会社は、旧ソ連各地（ウラジオストク、ナホトカ、サハリン、レニングラード、マリウーポリなど）の船舶公団との取引を次第に拡大し、とりわけ親密にしていた黒海船舶公団からは船舶修理、改造工事、船用機器、部品、港湾荷役機械、船用品納入などの様々な仕事を順調に受注していった。そして、２ヶ月に一回ほどのペースでモスクワ経由でウクライナのオデッサに通う日々が始まり、当時のアエロフロート—ＩＬ64Ｍ型機の常連となり、シェレメチェボ空港到着後、モスクワ市内で1泊し、翌日ブヌコボ空港経由でオデッサに向かっていた。

その頃のモスクワは、歴史的建造物がよく保存されており、美しい街並みに魅了された。有名なクレムリンの「赤の広場」に初めて立った時は本当に感動し、ようやくロシアの象徴的場

ポチョムキンの階段にて（オデッサ）。

所にたどり着けたことに胸を熱くし涙をこぼしたものである。

さて、当時はまだ「ソビエト社会主義共和国連邦」と称されていたこの国では、町中いたるところ共産主義、社会主義を褒めたたえる派手なスローガンが貼り巡らされてはいたが、民衆の心はすでに支配者共産党からは大きく離れていたようである。いくら真面目に精進しても、共産主義に帰依して党員となり、その階段を一歩一歩上る以外は、生活を改善する道は皆無であった。

そして大多数の一般市民は、とてもまともに暮らせるような給与ももらってはおらず、全く夢も希望もないような、暗い閉塞的社会状況であった。とりわけ外国人が多数出入りするモスクワ市内中心部のホテルには、派手に着飾って濃い化粧のいわゆる「夜の姫君」たちがバーやレストランなどいたるところにたむろし、堂々と客引きをしており、驚いたものである。

また、タクシーもほとんどが無許可の白タクばかりであり、メーターなどはからきし存在せず、行き先ごとに毎回交渉して、妥結すれば乗せてもらえるといった形であった。そして、乗車するなり分厚いルーブル札の束を見せられ、銀行の公式レートの3倍以上の好い交換レートでルーブルに両替してくれるのであった。そういった闇タクシーの運転手たちとも、極めて陽気で面白いやり取りもあり、結構楽しいものであった。

ある日、アメリカ在住の大富豪でウクライナ系ユダヤ人実業家ドクトル・ハマーが建設したという、インターナショナルホテルの和食レストラン「桜」で、夕食を済ませて夜10時過ぎに玄関に立つと、いつものようにひげ面の闇タク運転手数人が取り囲み、行き先と希望価格を聞いてくる。そこで、モスクワ市内は概ねどこでも3ルーブルが相場だというと、その髭面はせせら笑い、「お前は考える時間が足らない。まず空を見上げてみろ、雪がちらついている、そして時計もよく見てみろ、もう10時を過ぎている、赤い札を出せ！」と、のたまうではないか。赤い札とはつまり10ルーブルである。それでも日本のタクシー料金の半分以下であり、そういったやり取りの後、おんぼろのソ連製ラーダに乗り込んで無事ご帰還となった。

ブルーアクアマリン号出航　―ナホトカ港湾局と合弁海運会社設立―

私が創設した岩佐貿易株式会社はその後順調に業績が推移し、ウラジオストクの極東船舶公

ナホトカ港向け18トンフォークリフト。

団、サハリン船舶公団、レニングラードのバルチック船舶公団、アゾフ海船舶公団、ハバロフスクのアムール河川船舶公団、そして、ウクライナのオデッサに本社を構える旧ソ連最大の名門で350隻の大型船舶を所有する黒海船舶公団などとの取引を次々拡大していった。

また、その周辺の海運省傘下の港湾管理局とのビジネスも平行して開拓してゆき、港湾荷役機械などの輸出に取り組み、多数の大型フォークリフトや加藤製作所製造の大型50トンクレーン7台＝3億円を輸出するなど、年商も15億円を超えて、次第に海運省専属の著名企業として知られるようになり、大阪本社で約15人、シンガポールの現地法人で5人、モスクワ事務所でも2名を雇用する会社に成長した。

そうこうしている内に、ナホトカ港湾管理局局長から新たな提案がもたらされた。それは、外国に合弁で船舶会社を開設して、貨物船を購入して運航するというものであった。

ナホトカは当時、軍港として外国との接触を禁止されていたウラジオストクに代わり、旧ソ連有数の貨物を扱う極東最大の国際的港湾であり、港湾局は物流貨物の流れを常時詳細に把握しており、優先的に所有船舶に有利な積載貨物を振り向けることができた。

そこで、この提案に合意し、港湾局と合弁でシンガポールにサンライズ・シッピングという会社を設立。私が社長に就任し、船舶購入後運航代理店業務を請け負うこととなった。そして、大阪市内にある旧知の、船舶会社所有のブルー・アクアマリンという６５００トンほどの中古貨物船を購入し、神奈川県の日本鋼管浅野ドック造船所で改装し、ナホトカ港湾管理局職員が運航要員として乗船し無事船出した。

Blue Aquamarine News
ブルーアクアマリンニュース
創刊号

いよいよシッピングビジネス開始
～ M/V "BLUE AQUAMARINE"
順調なすべりだし～

創立16周年を迎えた岩佐貿易株式会社は、ロシア海運関連企業との協力関係を更に進め平成５年８月シンガポールに於てロシアとの合併による現地法人 SUNRISE SHIPPING PTE LTD（社長 岩佐毅 資本金：2,000万円）を設立し M/V "BLUE AQUAMARINE"（キプロス船籍6,400MT、ロシア人乗組員16名）を購入、海運事業に進出しました。本船購入後 NKK 浅野ドックに於て、ドック修理及び定期検査を行い、９月初旬よりナホトカ－日本及び韓国間の、ロシアから輸出される（主として鉄鋼）貨物の運送にあたっています。尚、本船運航管理は、姉妹会社モルテックス・インターナショナル株式会社のスタッフが日本に於ける総代理店として、永年培ってきたロシア語力と船舶に関する技術力を生かして活躍しています。

ナホトカ―日本、ナホトカ―韓国、中国の航路をピストン運航し、主として鋼材や鋳物、ガス、石油輸送用鋼管などの金属製品を月間３回ほど輸送した。それまで、本格的海運業務に従事したことがなかった私には、驚くことの連続であった。まず、船舶にはかなり巨額の金銭的負担がかかることに驚いた。

船齢15年ほどの貨物船であったが、造船所で改装工事を行い、船舶検査（４年毎に義務づけられた一種の車検のようなもの）を受けると、検査官から様々な不備を指摘され、大幅修理を次々要求された。購入価格は2億円ほどであったが、改装検査費用が別途５０００万円ほど必要となり、その金額にまず肝を冷やした。

なんとか無事その工事検査を終了し運航を開始すると、一回の給油が１００万円単位であり、港湾入出港手数料や港湾税が、１回毎に約50～80万円ほど必要である。また、掛け捨て船舶保険料も一ヶ月１００万円でため息をつく毎日であった。

それでも1航海３０００トンほど貨物を輸送すれば、約８００万円ほどの現金収入があり、ほぼ月間３航海ができたので、収入は月間２４００万円ほどはあり、なんとか運航を継続した。

時には天候不良や機関故障などでトラブルも続発し、気の休まることはなかったが、とにかく最初立ち上がった時には、50万円の小資金でビジネスを開始した私であったが、中古のおんぼろ貨物船とはいえ、一応６５００トンの船舶を所有する会社代表に出世し、ロシアやシンガポールに通い詰め、大得意であった。

大型船ゾーヤ・コスモデミヤンスカヤ号型シリーズ改造工事受注

その頃、オデッサの黒海船舶公団輸送技術開発部との提携が大きく進んでおり、主としてガス、石油輸送用大径鋼管（直径1メートル46センチ）を専門に輸送する、５万トンの大型バルクキャリーアー船団ゾーヤ・コスモデミヤンスカヤ号型のシリーズ船約10隻との取引が拡大していた。そして、輸送技術開発部長シェフチェンコから、甲板上に積載する鋼管積み付けを増大するための改装工事を数隻順次受注し、三菱重工、サノヤス造船、日本鋼管などの大手造船所で甲板上の積みつけ安定用デッキ・スタンション（要するに鉄鋼製杭）総交換設置工事（一隻あたり工事費約5000万円）を順次数隻行った。

そういった船舶修理、改造工事は日本のみならず韓国、シンガポールでも有力造船所を下請けとして次々施工していき、会社の性格はマリンエンジニアリングに特化され、様々な仕事をこなしていった。

デッキスタンション工事。

シンガポールでは、最大手のケッペル造船所で黒海船舶公団所属コンテナ船の積み付け拡大のための、船腹拡幅工事の代理店として数隻を改造する予定であった。しかし、一隻目の改造が終了し無事出航したコンテナ船船長から至急電報が入り、改造後大きな揺れや振動が発生し、船腹拡幅部を元に戻さねばならなくなるなどのトラブルが続発した。

例えば、ポーランド人の設計事務所が設計通り工事を施工せず、鋼板の厚みをごまかして偽装工事を技術部長に提案し、検査官を騙して、大幅に鋼材を減らし、その費用を山分けしようとしていたということもあり、結局大きな損害を出してこの工事は中止となった。

その後、この工事の中心であった黒海船舶公団技術開発部長シェフチェンコは、ＫＧＢの取調べを受け、贈収賄容疑で船舶公団から追放されてしまうほどの、スキャンダルに発展してしまった。

人事問題で苦労の連続　―中高年男性雇用は危険が一杯―

会社の規模が急激に拡大し、事業内容も多岐に渡り始め、スタッフも大阪事務所で15人以上となったが、それなりに様々な問題が噴出した。

そのころ実力を認められた私の会社は、黒海船舶公団との事業提携が益々進展し、輸送技術開発部長のシェフチェンコから次々新規事業の企画が持ち込まれた。ソ連向けに年間１００万トンの大径鋼管（直径が子供の背丈ほどの1メートル46センチ）のピストン輸送を担う大型バルクキャリアー船団ゾーヤ・コスモデミヤンスカヤ号型船団に関する案件のうち、次々新たな提案があった。それは、日本各地の鋼管製造工場で毎回２万２０００トンの鋼管を1ヶ月以上かかって船倉内と甲板上に積み上げ、シンガポールを越え、スエズ運河を通過して、地中海からボスポラス海峡を渡って黒海を横断し、ウクライナのイリチョフスク港までの延々約1ヶ月の航海はなかなか厳しく、とりわけ紅海は常時荒れ狂い様々な海難事故も発生していた。

また、荷揚げ港のイリチヨフスク港でも、入港するまで、積みつけ状況の詳細が分からず、荷役作業に様々な困難が発生していた。そこで、シェフチェンコは日本で積載した大径鋼管の積みつけ状況を検査員が写真撮影し、積みつけ状況を詳細な図面に作成して、ロシア語版の報告書として、オデッサ近郊のイリチョフスク港まで、事前に送付するという仕事を依頼してきたのだ。

私はこの新たな仕事に懸命に取り組み、元船長資格を所有する専門家2人と、Mという日本人男性と結婚したロシア人女性一名を、タイピストとして臨時雇用し、この仕事を開始した。それから2、3年の間この仕事は好評を博し、私の会社がタイムリーに送付するロシア語の積みつけ状況報告書にもとづいて、ウクライナの荷揚げ地での作業は円滑さを増し、黒海船舶公団のわが社に対する評価は更に上がった。

しかし、全てがうまく行くものではなく、そのとき雇用した40歳代前半の二人の元船長は、それぞれ違った形で私を見事に裏切り、スキャンダルを撒き散らした。

一人の元船長は東京商船大学を卒業した立派な紳士であり、著名な大手商船会社の大型コンテナ船に乗船し、花形の日本~北米航路の船長として活躍していたとの触れ込みであった。その彼は寡黙で、仕事ぶりにもなんら問題も感じられず、私は彼を雇用したことに満足していた。しかし、勤務を始めて数ヶ月経った頃、経理担当の女性から極秘に、彼の提出した数枚の領収証を点検した際、明らかに偽造されている形跡があり、よく調査した方が良いとの報告があげられた。

私は信じられないことではあったが、その領収書をよくよく見ると、確かにタクシー代金1500円の数字の1を手書きで4に書き換えるといった手法で、数枚が偽造されているではないか。しかも、書き加えた数字のインクはかすかに色が相違しているのだ。

私は意を決してこの元船長を別室に呼び、机上に偽造された疑いのある領収書3枚をならべて、静かに「この領収証は正しいのでしょうか？」と質問した。すると、突然この紳士は年下の私に土下座して頭を床にすり付けて、「二度とこういったことはしませんので、解雇だけは勘弁してください」とのたまうではないか。しかし、例えわずかでも金銭を騙しとったことには変わりなく、これは犯罪行為である。取りすがる彼を突き放し、私は即座に解雇を言い渡して決着をつけた。

その後、泣きすがる中年男を突き放して解雇した私も後味が悪く、些か心配になり、彼の奥さんに電話して事情を説明した。すると、彼女はこういった結末になることは、どうやら予測していたらしく、「やはり、そうでしたか」とつぶやいた。

彼は要するに強度のアルコール中毒で、帰宅すると小走りに冷蔵庫に近寄り、震える手で扉を開けて、ウイスキーをぐい飲みして、ほっと落ち着くという有様であるというではないか。以前は大手商船会社のエリート船長であり、相当の給与や待遇で遇せられていたが、40過ぎでリストラにあってから人生が大きく狂いだし、それまでの安定した生活はとても維持できず、次第に精神的にも追い詰められ、アルコール漬けの日々を過ごし始めたとのことである。私の会社からの給与も、奥さんにほとんど献上しなければならず、結局飲み代欲しさに、姑息な領収証偽造に手を染めたのである。

そして、もう一人の元船長もやはり一応表面上紳士であったが、タイピストのロシア人女性Mとともに突然会社を去り、その後二人で新大阪近辺に会社を開設して、私の会社の主要取引先であった黒海船舶公団に様々な売り込みを掛け、わざわざ元船長がオデッサまで出かけたり、まだ会社勤務中に、来日した副総裁に極秘に面談を申し込み、ビジネスの提案を繰り返していたことが判明した。

要するに大企業をリストラされたり、何らかの事情で階段を踏み外して退職した中高年男性は、まだまだ人生に様々な野心を抱いており、隙あらば勤務する会社の機密を盗んででも、独立して再度人生に挑戦してみたいという野心を抱いた人物が多いことを、苦い痛みを感じながら骨身に染みて知った。

どこまでいっても所詮人間はあらゆる欲望の塊であり、とりわけ元大手企業勤務経験者のように、かつてエリートとして順調に人生を歩んできたにもかかわらず、社会情勢の激変で所属企業の経営が傾き、予期せずリストラにあって、社会の荒波に投げ出されたような人物は、私のような零細企業の若造社長の下で、背を屈めて過ごすのは苦痛であり、機あれば再度人生に挑戦したいとの気持ちが捨てきれないのであろう。

こうして私は何回もの社員の裏切り行為や、スタッフの離反に悩まされながらも、一筋縄では行かぬ人生の真実を学ぶこととなった。

会社の規模がかなり大きくなり、会社組織の管理運営が次第に負担となっていた時期に、大学時代同じ下宿の隣の部屋でしばらく過ごし、親友となっていた男性と再会した。彼に転職希望があることを聞かされ、早速彼を私の会社の総務部長として迎え、大阪南港に社宅を借り受け、彼は妻と子供二人を連れて大阪に移住し、私の側近として事務所に常時詰め始めた。

お互い若い時から気心が知れており、私も気の置けない話相手ができ、彼とはよく飲み歩いた。そうして、次第に彼を全面的に信頼して、私が海外出張中は会社のすべての印鑑も小切手帳、手形帳も預けて、安心して長期出張に出かけることが多くなった。

会社の方も、大阪事務所でも社員15人を超え、シンガポールの現地法人も中国人スタッフ5名となり、更にナホトカ港湾管理局との合弁による船会社も代表として運営し、ロシア人船員20名ほどを雇用して管理もしており、次第に経営内容も複雑となっていった。

そこで私はある日、新聞広告で経営コンサルタント的アドバイザーを募集し、応募者の中から著名な中堅商社マンであった実直そうな60歳半ばの男性を選んで、会社経営についてのアドバイザーとして雇用した。そして、会社経営全体をよく点検して、改善点や組織上の評価などについて意見を求めた。

彼は極めて実直に私の指示通り、会社経営全般を細かく精査し、連日あらゆる会社の経理資料を点検精査してくれ、それから数ヶ月後、私をこっそり応接間に招き、「実は申し上げにくいが、かなりの金額の使い込みがあります」と言うではないか。私は彼の指摘に激しく動揺し、詳細な報告を聞いた。すると金庫の中にあるべき現金が帳簿と大きく相違しており、更に私が全く了承していない小切手の発行が何枚か見つかり、その上無断でタクシーチケットが連日大量に使用されていた。

私は思いもよらなかったまさかの事実に愕然とし、一体これは誰の仕業かと、この有能なコンサルタントの人物に問い質すと、私が最も信頼して会社の重要書類や印鑑、小切手、手形帳を預けていた、旧友の男性がその当事者であると断言した。

これほど信頼をおいていた旧友が私を大きく裏切り、大金の使い込みをしているなどとは夢にも思ってはおらず、どう対処するか数日苦慮し続けたが、思い切って彼の自宅を訪ねることにした。

そして、妻の面前で彼を問いただし、もし正直に対応しなければ、警察沙汰にすると強く述べた。すると、旧友は突然両手をついて、即座に横領の事実を認め、「200万円であれば、翌日返却します」と震え声で答え、妻も警察沙汰だけはしないでほしいと懇願した。私は、即刻解雇するので、自己負担で宿舎を明け渡し、東京に移住してほしいと告げ、席を立った。

残念ではあるがこうして長年の親友の一人を私はそのとき失った。

黒海船舶公団主催のオデッサ客船用品展示会に参加

オデッサ通いが本格化し、船舶修理、船用品、船用機器などの輸出が順調に進展し、しばら

盛大なパーティーで挨拶する著者（右）。（オデッサにて）

く経った頃、ウクライナ共和国オデッサの黒海船舶公団では、外国の取り引き業者数社を集めた船舶公団独自の展示会の開催が計画され、私の会社も今回のテーマ「客船用品」に合わせて様々な商品見本展示を企画した。船客用タオル、船室用カーペット、レストラン用陶器のコーヒーカップ、レストラン用品、客船乗務員の制服用縫製生地などを準備し、数名のスタッフを伴ってオデッサ入りして、華やかな展示会に参加した。

その時は、ギリシャ、イギリス、スイスなどのヨーロッパの取引先業者に交じって、日本からは私の会社一社のみが参加することとなり、オデッサ市内中心部にある国際シーメンズ・クラブを会場に展示会が開催され、数日間様々な関係者が続々訪問し、楽しい国際交流の場となった。その訪問者の中には、当時のソ連海運省次官を兼務する船舶公団総裁ルキヤンチェンコ氏の姿も見られ、初めて名刺交換し握手を交わした。

また、展示会期間中には順次各参加企業主催で、オデッサの著名ホテル・クラースナヤのレストランを借り切り、オデッサ市の著名人100名以上の招待客を集めて豪華な夕食会を開催し、私が開会の挨拶を披露し、賑やかなバンドも入り、ワイン、ウオッカ、コニャックなど飲み放題で招待客招待客たちはダンスに興じた。

さて、その時のオデッサでの展示会には数名の社員が参加し、渡航費やサンプル輸送などの費用もかなりかかったが、それに対応する契約も順調に結ばれ、大きな成果を上げて閉幕した。

その時に、当時船舶公団最大の豪華客船マクシム・ゴーリキー号船長から、大広間に敷き詰めるカーペット（受注額4000万円）を受注し、公団客船部とはコーヒーカップ、タオル、女性乗組員用制服布地など、それぞれコンテナ単位で成約し、合計7000万円を超す契約高を受注し、大満足して帰国の途に就くことができた。

続々韓国でも船舶修理

また、韓国でも蔚山（ウルサン）の現代重工の姉妹会社の大手船舶修理工場HYUNDAI MIPOドックヤードや、釜山（プサン）のプサン・ドックヤードなどで極東船舶公団、黒海船舶公団などの貨物船の様々な修理工事を行い、次々成果を挙げていた。

最初に韓国の蔚山を訪問し、黒海船舶公団の5万トンの大型バルクキャリーアー船をドックに入渠させたとき、その設備の規模や最新機械類に驚かされ、更に現代重工が所有する系列ホテルで立派な歓迎会が開催され、船長、機関長、一等航海士など数名が夕食会に招待された。韓国側も、船舶修理工場の役員が総出で正装して歓迎会に出席し、韓国とソ連国旗が飾られたホテルの宴会場で、ご馳走攻めにあった。

しかし、その後の協議がまとまり、いよいよ正式に契約書に署名捺印するときに至って、船長が顔をしかめた。と言うのは、契約書の条項の中で、「ストライキ」が「不可抗力」の項目に詠われているのである。と言うことは、万一ストライキが始まって操業が停止しても、不可抗力条項に含まれるとして、造船所側はなんら責任を負う必要がない。ということを意味していた。

そこで船長は、ストライキは人為的なもので、不可抗力ではないと主張し始めた。すると、造船所側はさっと顔色を変え、「ストライキを不可抗力に含めない場合は、契約不成立となり、すでに造船所岸壁に係留している5万トンのソ連船舶を、直ちに出航させてください。我々にはいくらでも仕事があり、すでに何隻も他社の船が港外沖で順番を待っている」と突っぱねた。

困り果てた船長は「ストライキは発生しないでしょうね」と力なく呟き、渋々契約書に署名捺印して、仕事は始まったのだった。

しかし、韓国の造船所は日本とはかなり相違し、近代的設備が整い、規模も大きかったが、まだまだ修理技術面では大きな格差があり、様々なトラブルが続いた。造船所側の説明とは大いに相違し、しばしば激しい長期ストライキが発生し、工事の大幅遅延もあり、表向き価格は日本より少々安いが、様々なリスクがあり、よいことずくめではなかった。また、蔚山には修理工場近辺に現代重工本社造船所があり、船台には建造中の巨大船がずらりと並んでとても壮観で、作業員がエネルギッシュに動き回って活気があり、日本の造船所より設備も新しく、感心させられたものであるが、その表面上の印象とは裏腹に、姉妹会社の修理工場での船舶修理が進捗すると、様々な問題が次々発生し、正にトラブル続きであった。

そんな中、まず、機関長からクレームが出た。それは、韓国の修理工は船舶修理の経験が極めて浅く、毎朝機関長の部屋に数人の韓国人作業員やエンジニアが集合して延々と議論し、結局機関長に修理方法の教授を依頼するのだそうである。

これには流石に機関長も愛想を尽かした。日本やドイツの船舶修理工場では、最初に修理内容を記載した仕様書と図面を渡して2、3説明をするだけでよい。あとは自分たちの技術や蓄積したノウハウを駆使して、予定日までにキチンと完工してくれる。そして、機関長は必要書類さえ渡しておけば、毎日会議もすることもなく、1~2ヶ月の工事期間中は、ほとんど久しぶりの休暇であり、毎日市中に出かけて観光でもしていればよいと聞いていたからであった。

ところが韓国では、早朝から毎日数人が部屋に押しかけ、ああでもないこうでもないと議論ばかりで、機関長は終日拘束され、まったく疲れ果ててしまうらしい。また、韓国人修理工は図面をほぼ見もせず、計測機器も全く使用しないそうで、機関長は韓国は物資のない国かと思ったそうだ。この5万トンクラスの船舶ともなれば、デマレージ（滞船料）も一日200万円にもなり、仮に1週間無駄に停泊すれば、1500万円もの損害が出る仕組みになる。

やはり、あにはからんや、船長が心配した通り、工場内には不穏な空気が漂い始め、とうとう労働組合が赤旗をへんぽんと翻してストライキに突入し、工場内は騒然として太鼓や鐘を叩いてデモ行進や座り込みが始まり、約1ヶ月間労働争議が継続し、工期は大幅に遅延し、船長は数千万円の損害に真っ青となった。そして時すでに遅しで、「ストライキは不可抗力」で造船所はそ知らぬ顔であった。

大幅工期遅れで何とか完工してこの船舶は無事出航していったが、最悪の後日談が伝えられた。この船舶はその後大西洋に向かい、アメリカに向けて航行中、バラストタンクに異常が発見された。緊急調査の結果、船舶の安定性を保つため必要に応じて海水を貯めるバラストタンクに取り付ける海水取り込み口のバルブを、修理工場で逆向けに取り付けられていたため、海水を排出するはずが、海水を取り込み過ぎて船体が大きく傾き、沈没の可能性さえある危険な状態に陥り、緊急にカナリア諸島の造船所に入港し、ドライドックに上げて、バルブを正しく取り付けたそうである。その結果、運航スケジュールを大きく変更せざるを得ず、更に修理費用も莫大なものとなったとのことである。

船長は長文のクレームを船舶修理工場に緊急に送信すると、造船所からは「次回他の船舶修理を受注時、損害を値引きとして補填します」と、一言返事があったきりだそうで、迷惑な話である。

また、完全に修理したはずの部分が不完全で、機関長や船長が声を荒げる事もあったが、韓国人マネージャーは心得たもので、そのときは船長や機関長が喜ぶ電化製品などの手土産をチラつかせて、更にごねれば夕食会に誘い出し、赤い灯、青い灯のナイトクラブなどを連れ歩き、女性さえ抱かせて、黙らせていたそうである。

結局あの手、この手でお人よしのウクライナやロシア人船員幹部たちは、海千山千の韓国人ビジネスマンに手玉に取られたようだ。日本で修理した方が、よっぽど良質の工事ができ、無駄もなく結果的にはあまり変わりない価格で完工できたはずである。

その後、一度稚内の漁船修理工場脇を通った際、赤旗を翻してソ連船がずらりと並んで数隻修理を行っているので、事務所を訪ねて事情を聞くと、最近とてもソ連漁船の修理が増加しているとの事で、その理由はと聞くとまるで笑い話である。と言うのは、最近韓国とソ連が国交を回復し、サハリンやカムチャッカの漁船が、修理費が格安と言う触れ込みの韓国で、雪崩を打って修繕を始めたが、ソ連の漁船はとても船齢が古く、修理が困難なケースが多い。ことさら機関部の修理は部品も不足し複雑とのことである。しかし、韓国の漁船修理工場では適当に触って、とにかく少し稼動する状態にして、「ＯＫ、ＯＫ！」とロシア人を納得させ、全額修理費を払わせ、早々に出航させるのだそうだ。

そしてその出航直後に、エンジンや機関部の故障がしばしば発生し、ＳＯＳを打電し稚内に緊急入港するのだそうだ。と言った事情で、稚内では「風が吹けば桶屋が儲かる」式のロシア・ビジネス大繁盛との事である。

モスクワの闇ドル買い商人カザフ娘・アンジェラ

―垣間見たソ連の裏社会―

会社創立後倒産までの20年間モスクワ、サンクトペテルブルグ、ウラジオストク、ハバロフスク、ナホトカ、サハリン、クリミヤ、ノボロシースク、ヤルタ、キシニョフ、リガなどなど旧ソ連各地に度々出かけ、懸命な営業活動を続けまずまずの業績を上げてきたが、その間、ロシアの一般庶民との偶然の出会いに遭遇し、新聞やテレビだけでは知りえないソ連社会の様々な様相をかいま見る事も出来た。そして、ビジネスに携わるだけではとうてい理解できない、この国の様々な深い闇や、裏社会を知ることとなった。

旧ソ連時代は、貧しいながらも比較的安定した社会情勢が続き、犯罪もさほど発生していないように思われたが、厳しい報道規制があり、あまり公表はされてはおらず、表面的には現れていないだけであった。

社会主義国ソ連邦は「共産主義万歳!」や「共産党と個人は一体だ!」などなど社会主義、共産主義を賛美する立派なスローガンが、町中張りめぐらされており、11月7日の革命記念日や、5月1日のメーデーにはモスクワの赤の広場で、盛大な軍事パレードが行われ、町中沸き立っているかのような報道がなされていた。

しかし、実態から言えばあのパレードに参加しているのは全国民からすれば、選ばれたほんの一握りの体制側の市民であり、大多数の一般国民は全く無関心で、それよりその日その日の暮らしをどう立てるかで、一所懸命の毎日であった。そして、いつの時代でもその社会の裏の裏をかいくぐって、要領よく稼ぎ出し、比較的豊かな生活をしている者たちもいた。

まだ順調に会社運営をしていた頃の何回目の訪ソ時であったか、その頃垣間見た旧ソ連社会の裏に潜む闇社会のことを少し話しておこうと思う。

いつものようにオデッサからモスクワ・ブヌコボ空港に、夕方降り立った私は、疲れ果ててやっとの思いで、赤の広場近くのインツーリスト・ホテルに到着。遅い夕食をとるため、3階のレストランにポツンと一人座って注文した料理を待っていた。当時、ソ連社会ではレストランというのは単に食事をするところではなく、ゆっくりと食事し、お酒を飲んで、生バンドの演奏をバックにバラエティーショーを見物し、そのあと思い思いにダンスを楽しんで長時間寛ぐ場所であった。ほとんど他に娯楽らしい娯楽のなかったソ連では、レストランとは、つまり、すべての楽しみがそろった立派な社交場であった。

当時の給与では普通のロシア人は、とてもレストランで食事ができるはずもないのであるが、その夜も相変わらず、ロシア人客や外国人客が入り混じって、レストランは満員に近い盛況で、あちこちから嬌声の聞こえてくる中、老若男女が肩を寄せあい、思い思いに抱擁しながら軽やかなステップを踏んで楽しいひとときを過ごしていた。そんな中、私は何故かその夜は少し沈んでいたように記憶している。

そして、何杯目かのウオッカをあけた時、ふと横に、微笑をたたえた女性が現れ「コンバンワ、ニホンノカタデスカ」と語りかけてきたのである。それは隣の席で今友人の誕生祝いのパー

当時のモスクワのパーティーの様子。

ティーをしているので、よろしければ一緒に祝って下さいというお誘いであった。

一瞬、日本人かなと勘違いするほど、彼女はとても日本的な顔立ちをしており、誘われても決して悪い気はしなかった。そして、彼女のグループのパーティーに参加することとなり、次第に私の心も、霧が晴れるように明るく変化したのである。

彼女の名前は『アンジェラ』と言い、カザフ共和国アルマータの出身であった。しばらく、乾杯を繰り返すと、彼女は大きく黒い瞳で私を見つめ、微笑みながら「踊りましょう」とダンスに誘った。私もすでに、かなり酔いが回っていたせいもあり、当時ソ連全土で大流行していたアーラ・プガチョーワの、『百万本のバラ』のリズムに合わせて、でたらめなステップを踏む羽目となってしまった。

その後、時折モスクワを訪問したとき、私が定宿としていたインツーリスト・ホテルのフロアーで、時々彼女を見かけることがあり、私は彼女がどの様な仕事に就いているのか、興味を持ち、少しずつ注意深く観察していた。

どうやら彼女は、看護婦として市内の病院に勤務していることになっているが、実際は全くそういった仕事はしていないようである。その事について、それとなく聞いてみると、モスクワに居住するためには、正式に職場へ勤務先を登録する必要があるが、実際は多数の人が、お金を払って居住権を自由に買うことができると言うのである。どうやら、彼女もお金を払って、モスクワの居住権を取得し、登録した職業とは全く違った、法に違反する闇での物品の販売や、闇ドルの外貨交換をビジネスとしているらしい事が次第に分かってきた。

ただ、彼女が余りにも日本の事情に精通しており、東京山手線の駅名をそらんじていたり、五輪真弓の『恋人よ』を上手に口ずさんだり、私は何か彼女の背後に別の日本人の濃影のような物を感じていた。

そんなある時、ふと彼女が身の上話を始めた。彼女は今から10年前、18歳の頃、愛し合った、ある大手商社駐在員の日本人の若者がいた。そして、しばらく共に暮らし、子供まで宿してしまった。しかし、彼はロンドン支店に急に転勤となり、次第に離れ去って行った事などを淡々と話した。

ふと、彼女の顔をみると、うっすらと涙を流している。私はそれ程までに愛し合い、今でも涙ながらに語る彼女の『恋の物語』にいささか複雑極まりない気持ちであった。そして、最後にアンジェラは「男はみーんな同じよ、まるでにわか雨のように通り過ぎて行くだけよ」と名言を吐いてしばし沈黙していた。

それからしばらくして、私は2月中旬の厳寒のモスクワへ入った時、知人の日本人商社駐在員の、ロシア人の妻の誕生会に招かれ、ついでに参加したことがある。

彼女の誕生祝いの会場は、赤の広場に近くの私が定宿としていたインツーリスト・ホテル3階のレストランに特別にセットされており、彼女の友人女性数名と彼等のロシア人、イタリア人やアメリカ人の恋人達男性を加え総勢10人程が招待されていた。ウオッカ、コニャック、シャンペン、ワインなどの飲み物と、盛大な料理に飾られたメイン・テーブルには、真紅の薔薇がこぼれんばかりに飾られて、豪華そのものであった。

その参加者の中に、日本人駐在員の妻の友人として、アンジェラも招かれており、偶然再会することとなった。何回もの乾杯の音頭に、参加者の男性たちは、それぞれの参加者の女性たちの美貌を美辞麗句を並べて順番に褒めたたえ、健康を祈願し、これから先の幸せを願う言葉がつぎつぎと寄せられ、参加者たちは杯を重ね続け上機嫌であった。

乾杯の合間には、それぞれの女性たちが各国の男友達からダンスフロアーに誘い出され、文字通り飲めや歌えやの大宴会となった。そして、当時大流行していたスウエーデンの人気グループ、アバの歌う『マニー・マニー・マニー』の軽やかなリズムに合わせて日本人駐在員夫妻がステップを踏み、周りを友人たちがとりかこんで踊りながら、それぞれが手にした赤い薔薇を二人に投げあう騒ぎであった。

ところで、モスクワでは冬季にはマイナス25度以下に気温が下がる事もまれではなく、とにかく外出には、毛皮の帽子と毛皮のコートは必需品であり、したがって、レストランなどの入口付近に『ゴルジロップ』とよばれる、手荷物預かり所が必ずある。そのゴルジロップにパーティー参加者全員の番号札を、イタリア人の青年に預けたと、酩酊したアンジェラが言張るのである。

彼は自分のコートの番号札以外は知らないよ、と答えると、突然アンジェラは抱えていた薔薇の花束を玄関にたたきつけて怒りだし荒れ狂った。つまり立派な酒乱である。

それからしばらく彼女の姿を見かけることがなかったのだが、ある日、彼女の親友の一人から「アンジェラがトラブルを起こして、警察に逮捕されたらしい」という情報を得た。

彼女は友人と食事の後、いつものように赤いロシア製乗用車ラーダで、帰宅しようと運転していたが、ガー・イー（交通民警）の検問の網にかかってしまった。その時、運悪く彼女はかなり酔っ払っており、ガー・イーが法外な賄賂を要求した上、今晩俺に抱かせろとまで言われたそうだ。

そこでカッとなった彼女は、馬鹿野郎とばかり手をふりあげ、警官のほっぺたを張ってしまったと言うのである。そして、その勢いで警官の眼鏡を割り、顔に傷を負わせ、即傷害の現行犯として逮捕されて、現在、拘置所に留置され、要するに「肉なしのスープ」（臭い飯）をすすっているというのである。

警官が平気で賄賂を要求する、でたらめなソ連社会であったが、一度正式に逮捕されると、わずかの商品の横流し程度でも、何年も刑務所、下手をすればシベリア送りになるかも知れないこの国である。

それから、1年ほど経ったある日、ふとインツーリスト・ホテルのロビーに目をやると、再びアンジェラの姿が見えた。あの騒動のあと、案の定とうの昔にシベリア送りになったとばかり思っていたが、事情を聞くと「こういった訳なの」と、一部始終の事の顛末を話してくれた。

1年前彼女が警察に突然逮捕されると、彼女のごく近い親戚あてに、どこからともなく電話がかかり、「彼女を牢獄から救い出したければ、1万ルーブル用意しろ」と言って、プツンと切れたそうである。当時、大学卒の初任給が120ルーブルの時代であり、数百万円ほど用意しろと言う意味である。

そこで、アルマータ、モスクワ、その他全国の、彼女の親戚一族郎党がお金を懸命に集め、ようやく1万ルーブルを用意した。すると、矢継ぎ早に次の連絡があり、闇商人つまりマフィアにその金を渡したところ、早速偽の診断書が用意され、彼女は精神病患者と認定された。そんな訳で、牢獄に送られることもなく、しばらく精神病院で形だけの治療の後、無罪放免ということになって娑婆に戻れたというのである。

彼女によると、清廉潔白な社会主義社会を標榜しながら、ソ連にはこういった深く暗い、闇の世界が幅広く存在し、すべての分野のあらゆる事柄に絡みつき、しぶとく根を張っているのだそうである。

こうして、アンジェラは無事救い出され、数ヶ月の精神病院での『治療』の後、再びモスクワの街を飛びっきりお洒落して、かっ歩するようになった。

その後、風の便りに聞いた噂によるとアンジェラは、極めて危険な闇ドル交換業でしこたま荒稼ぎして儲けに儲け、2万ドルを支払って、マフィアによって巧妙に準備された偽装結婚の後、ロシア人女性が多数在留するオーストリアのウィーンに渡り、現地でドイツ語をマスターし、オーストリア国籍も取得してブティックを開き、女流実業家として、颯爽と活躍しているとのことである。

夜行寝台列車で100万円の大金盗難

私はロシアやウクライナに出張中、時折夜行列車で移動することがあった。ある日モスクワを深夜12時に出発し、翌朝8時にレニングラードに到着する夜行列車の寝台特急に乗車することとなり、雪の中を乗車駅のレニングラッツカヤ駅に車を飛ばした。そして、キチンと鍵のかかる2人部屋を私一人で貸し切りにして、清潔な寝具が丁寧に畳んで準備してある寝室に入室すると、見知らぬロシア人の顎鬚の男が何気なく部屋を覗き、煙草の火を貸してほしいと言ってきた。私は煙草は吸いませんと答えると、男は私の室内を一瞥して立ち去った。

純白の雪景色の中を夜行列車が全速力で疾走する。私は扉を閉めて、内鍵をかけた個室の中でウオッカを飲み、ようやく眠りに就いた。この夜行列車はひた走りに走り続け、間もなくレニングラードに到着予定との放送があり、朝到着直前に車掌が配ってくれる紅茶を楽しみに目を覚ました。

するると、前夜コートを吊るす箱型のケースの上に置いていた手提げカバンが、床に落ちているではないか。私は多分昨夜よく揺れていたので、てっきりカバンが床に落下したとばかり思い、カバンを持ちあげ、中を確認してアッと驚いた。中には100万円の現金を入れており、どうしたことかと大慌てで再度カバンを改めてみるが、その大金は跡かたもなく消え失せていた。その時私は、各地出張先での支払いを現金でするつもりで、いつもより多額の現金を持ち歩いていたのである。

今まですでに数十回もロシアやウクライナに出張もしたが、いつも安全で各地の庶民も親切で、ほとんど不愉快な目にあったこともなく、安心しきっていた。しかし今回は、100万円もの現金をカバンに仕舞い、しかも鍵がかかるとはいえ、寝室のベッドわきに無造作に置いてぐっすり寝込んでいたのである。

私は慌ててスーツのポケットや毛皮のコートを探し、まだ別に懐に入れていた10万円の現金と航空券、パスポート類が無事であることを確認し、胸をなで下ろした。

レニングラード駅に無事到着し、出迎えのロシア人青年と落合い、ホテルで旅装を解いた。とにかくこの事件のことを知人に打ち明けると、彼は即座に私の不注意だと言い、「とにかく夜行列車は盗賊の巣ですよ。必ず夜間窃盗が犯行を働くということを知らないのですか?」というではないか。「しかし、鍵もかかっていたし……」とやや抵抗すると、彼は更に、「夜行列車の個室のドアのカギはドライバー1本で簡単に開きます。そして、窃盗団と各車両にいる車掌が手を結んでいることも多々あります」とのこと。そして「個室ではなく廊下に寝ていると思わなければいけません。今後は貴重品はベッドの下の空間に置いて、その上に就寝することを勧めます」と付け加えられた。これがまだ知らなかったロシアの実情であった。

しかし、物は思いようである、私は１００回以上ロシア、ウクライナや旧ソ連諸国を駆け回っており、毎回1万円ずつ税金を納めたと思えば気が済むと気を取り直し、レニングラードから次の予定訪問地クリミヤ半島の保養地ヤルタに飛び立った。

ところで、この頃の旧ソ連はブレジネフの健在な時代で、社会主義経済がかなり行き詰まり、社会全体が疲弊しきっており、閉塞感に包まれた暗い時代であった。

モスクワでもレニングラードでも、街頭でよく見知らぬロシア人に声を掛けられ、何か売ってもらえませんかと言われたものである。ある時は公園で休息していると2、3人の男が近寄り、ネクタイを売れ、時計を売れ、挙句の果てにはベルトを売れとしつこく食い下がってきたり、ホテルのレストランで朝食を済ませて廊下を歩いていると、妙齢の若い娘さんが駆け足で追い付き、やはり何か持物を譲ってほしいとにこやかにお声がかり、丁寧にお断りすると「私たちロシア人は日本人から何か品物を売ってもらわなければ、生活するのが困難なの！」などと呟きながら去って行った。

街中張り巡らした「共産主義は勝利する」、「共産党と人民は一体だ！」などなどの美辞麗句がむなしく響く社会の実態であった。

不動産投資で一儲け　―事務所を心斎橋に移転―

ところで、ロシア、ウクライナとの貿易で利益をすこしずつ上げながら、私は不動産投資も始め、最初は一戸購入時頭金50万円程度で、残金支払いは住宅ローンを組むといった形で、ワンルームマンション3戸を購入し、賃貸に出していた。マンション販売会社の上手なセールストークにはまり、合計約2500万円ほどの買い物であった。

ところが、賃貸に出し借り手も見つかり、少しは家賃収入もあったが、とにかく管理は煩雑であった。

例えば借家人が交代し、別の借り手に賃貸に出す際、部屋を点検するとまるでごみ屋敷状態で、改装にかなりお金がかかったり、中には長期家賃滞納する者もいて、煩雑さが増し、とうとう私は賃貸に出すのを止め、3戸ともすべて空き家にして、自分でセカンドハウスとして利用していた。そして、高い金利のローンを苦労しながら払い続け、約10年ほどが過ぎ去った。

とにかくこの重いお荷物を抱えて困ったものだと、どうすべきか思案していたそんなある日、マンション郵便受けにチラシが入り、私の所有マンションをかなりの金額で買い取りますとの宣伝文句が踊っていた。

そこで、私は冗談ではないかと不動産会社に電話を掛けると、「宣伝通りの価格で買い取ります」というではないか。私はそれに驚き、全部で3戸あるので、それらを一括購入してほしいと依頼すると、その不動産会社の担当者は即座に対応してくれて、マンション所在地や不動産名を確認し、すぐに買い取れますとの答えが返ってきた。

結局私は、3戸のマンションを手放すことにして、契約を交わし売り払うと、全部で合計4000万円で売れたため、ローン残債を返済してもなおかつ、手元に2000万円の現金が残ったのである。

勿論ローンも長年支払っており、すべてが利益ではないが、賃貸収入と合算すれば、結局かなりの利益が出ており、マンション投資ビジネス開始時の資金2000万円が2000万円に大化けしたような気がしたものである。そして、更に大阪市内弁天町駅近くに3DKマンションを購入し、ゲストハウス兼私の別宅として、改装して利用することにした。

本業の貿易のビジネスも順調に推移してお

当時の宝塚の旧宅。

り、自信満々で、車も当時最高級車と言われた６００万円以上の価格のシーマに買い替え、颯爽と大阪の街を闊歩するようになり、事務所もいうなれば場末の大阪市港区の事務所から、大阪市内中心部のビジネス街、心斎橋に移転し、敷金1700万円、家賃125万円の約100坪のワンフロアーを借り切り、社長室、会議室、倉庫などを整えたまともな事務所を開設した。

更にその頃、思い切って風光明媚な宝塚市の高台に70坪の土地を購入し、瀟洒な2階建て自宅を建設して移転し、娘たちも宝塚市内の中学や高校に転校し、幸せの絶頂を極めていた。阪急沿線の緑豊かな新居はとても快適であり、春には庭先に桜が舞い落ち、爽やかな鶯の声を聞きながら駅まで歩き、この世の春を満喫していた。

第五章　ソ連崩壊の大混乱で地獄の日々

ゴルバチョフ監禁のクーデターに遭遇
―ソ連は一挙に信用失墜しLC（銀行保証状）も紙切れ―

私はビジネスの面でも、会社創立以来比較的順調な歩みを続け、小規模ながらもソ連海運省専属の有力な商社として、日本、韓国、そして、シンガポールなどに於いても、大規模な船舶修理や船舶改造工事などの事業を次々手掛け、ナホトカ港湾管理局と合弁会社を開設し、海運会社も運営するようになり岩佐貿易㈱は、年商20億円を越えるまでに大きく成長して行った。また、Iwasa—marine trading（シンガポール）という現地法人も設立して、中国人スタッフ5名を抱え、モスクワの中心部にIwasaモスクワ駐在事務所を設置し、運転手と秘書のロシア人スタッフ2名を雇用し、敏速なビジネスの展開を補佐していた。まさに、だれの目にも、私の前途は洋々としているかに見えていた。

ところが、思いもかけぬ事件が突然ソ連に発生した。それは、1991年8月のゴルバチョフ監禁というクーデターである。

私は8月中旬にルーマニアの隣のモルドバ（旧モルダビア）共和国を訪問し、首都キシニョフにある60キロもの洞窟の中にある素晴らしいワイン工場を見学し、毎日たらふくワインを飲まされ、町中葡萄畑の美しい南の国モルドバの魅力を堪能していた。その滞在中に日本とモルドバの経済交流を熱望する、火傷で顔が赤黒く爛れあがってはいるが、物静かで、思慮深い時の共和国首相にまで会うことになり、『ブレジネフの館』と呼ばれる迎賓館に宿泊させられ最高のもてなしを受けていた。そのとき、私との交渉窓口となっていたある省の次官がこっそり部屋を訪れ極秘の提案をしてきた。

それはある組織の秘密資金５０００万円を、私のシンガポールの会社で一時保管してほしいというのである。そして、うまく保管してくれればその半分を分け前として、私に贈呈するというのである。私は直感的にその資金はかなりやましいお金であることを感じ、お断りしたいと返事をした。

すると、堂々と彼は、今夜女子大生を部屋に呼び、一泊させるのでぜひ考え直してほしいというのである。そういった色仕掛けで私を軟化させようとする卑屈な次官殿の態度に、私は益々不信感を抱き、キッパリとその話を断った。

あとで判ったのは、モルドバの共産党組織が、すでに音を立てて崩壊を始めており、この次官殿は党の資金をうまくくすねて、私と山分けしたいということであったらしい。まさにくわばら、くわばらである。

17日にはお隣の、ウクライナ共和国オデッサまで行くため3時間程車に揺られ、いつもの定宿『クラースナヤ・ホテル』に到着した。このモルドバという国は、もともとルーマニア系ベッサラビアだったが独ソ戦のさなか、バルト3国と同様、無理やりソ連に併合され、その当時はソ連の一共和国であった。だが、バルト3国の人々同様に大のソ連嫌いで、〝坊主憎けりゃ袈裟まで憎い〟とばかり、お隣のウクライナ人ともあまり仲は良くなかった。

首都キシニョフからオデッサまでの道中、同乗していたモルドバ人の政府高官は、次のような小話を話して聞かせてくれ、ウクライナ人を皮肉った。

「モルドバとウクライナの国境を間もなく越えるが、まわりを良く見ていると説明しなくとも何時国境を越えたのかすぐ判る。何故かと言うと、雑草一つないキチンと整備された畑を耕している牛を見ると、まるで乙女のように繊細で優しくエレガントに働いている。これはモルドバ領である。ところが、荒れ果てて草だらけの畑で、まるで牛のような娘さんが仕事をしているのが見えたら、そこはウクライナ領である」と言うのである。

また、モルドバからオデッサへの途中、地平線のかなたまで広がった、見渡すばかりのひまわり畑を通過した。休憩のためそのひまわり畑で一時車を降りて、しばらく見とれていると、その場所は、マルチェロ・マストロヤンニとソフィア・ローレンが主演で、第二次世界大戦後の悲劇を描いた、感動的イタリアとソ連合作映画『ひまわり』の撮影現場と知らされ、大きな感動に胸を熱くした。

さて、オデッサ到着翌日、8月18日は日曜日で雲一つない快晴の中、友人の海運大学教授、ヤツエンコが黒海でのヨット遊びを提案、文字どうり黒々とした波のうねるオデッサ沖で、しばし帆走を楽しみ、水泳に興じ、甲羅干ししながら、ゆっくりと束の間の休息を取っていた。

クーデター前日、黒海で休養中。

そして、運命の19日朝、ホテル一階のロビーがいやに騒がしいので、急いで降りてみると、テレビの前に10人程の人だかりができており、「ペレバロット、ペレバロット」と口々に言い合っていた。私は商売上全く不必要なこの〝クーデター〟と言う言葉を知らなかったので、一瞬何ごとが起こったのか判断できなかった。しかも、多数の人達が食い入るように見ているテレビの画面には、静かな音楽番組が流れており、なんら具体的情報は伝えられてこない。

ただ、この殺気だった異様な雰囲気は一体なんだろうと、人々の話す言葉を注意深く聞いていると、『ゴルバチョフを殺ってしまった。ウラー（万歳）』と言う叫び声が後ろで聞こえた。そこには、数人のアルメニア人が立っており、祝杯をあげシャンペンをラッパ飲みしているではないか。ゴルバチョフはアルメニアの首都エレバンの市街地で、デモする市民多数を一斉射撃し、殺戮する命令を出したことがあり、天罰が下されたと言うのである。

その時、テレビの画面が一瞬変化し、黒い喪服のような服装の女性アナウンサーがクーデター派の声明文を無表情に読み上げている。それが終了すると、また画面は「白鳥の湖」に変わり、一日中クラシック音楽を流し続けた。恐る恐る、窓から街の様子を覗いて見るが、オデッサ市内は、至極平穏そのもので、特に何も変わったこともなく、市民はいつものように、それぞれに職場に急いでいたり、のんびりと老人たちが通りを散策しているし、子供たちもアイスクリームをなめながら遊んでいる。

私は、とにかく翌日モスクワに向かう予定になっていたので、心配でたまらず、不安にかられ、モスクワ在住の友人達や日本大使館に電話をかけてみた。友人たちも、何が起こっているのか全く判断できない。とにかく、赤の広場をはじめ市内至る所に相当数の戦車が展開しており、これから何が起こるのか、全く予測不能だとのことである。

日本大使館にも問い合わせたが、職員もうわずった声で「何も判断できないので、日本人の方は一刻も早く何らかの方法で、ソ連から脱出し、外国に出てください」としか言ってくれない。

私は思案に暮れた。もう一度テレビのスイッチを入れて見るが、古ぼけたやけに大きいばかりのソ連製のテレビには、やはり、『白鳥の湖』が繰り変えし写し出されるだけである。全く、不気味な一日であった。オデッサから直接外国に脱出するといっても、黒海船舶公団に依頼し貨物船で隣国のイスタンブールか、ブルガリアに出る以外に方法は考えられない。

私は悩みぬいた末に、意を決して、予定どおり20日にモスクワに帰ることに決め、不安を胸にしたまま飛行機に乗込んだ。そして、夕闇迫るモスクワのブヌコボ空港に降りたつと、出迎えのウクラインツェフが緊張の面持ちで、携帯ラジオを耳に当てながら待っていてくれた。

車に乗り込み、恐る恐る市内の方向に向かい始めると、要所要所の林の中に砲塔を高く上げた戦車や装甲車が見え隠れし始めた。ウクラインツェフはソ連中のラジオ、テレビの放送はすべて事実上ストップしており、ドイツから流れてくる、ロシア語放送を聞いて正確な情報を掴んでいるとのことである。先ほどの放送では、今夜、クーデター派の戦車によるホワイトハウス（国会議事堂）への攻撃が準備されており、今郊外の基地からホワイトハウスの方向に、50台くらい戦車が移動を始めたと、ドイツから放送で伝えているというのである。そして、市中心部にはいり、川をへだててホワイトハウスと向かい合ったウクライナ・ホテル前まで来ると、ホワイトハウスに向かう橋の上に、タイヤをパンクさせられた大型トラック、バスが数台並べられ、さらに廃材や鉄条網で臨時に作られたバリケードが、行く手を阻んでいた。

しかし、そのバリケードの内側は、ホワイトハウスを背にして、数台の戦車が赤い可憐な花を挿した砲塔を外側に向けて、ロシア国旗を掲げて止まっていた。そして、女性や子供たちが若い兵士を取り囲み、ジュースを差し入れ、花束を渡したりしながら、談笑しており、緊張の中にも比較的穏やかな雰囲気が漂っていた。このバリケードの内側の戦車と兵士は、エリツィン側のもので、クーデターから国会を守るために、駐留しているものであった。テレビやラジオでは戒厳令が出され、外出禁止が繰り返し放送され始めていた。私はホテルの部屋に引き籠もり、事態を見守る以外どうすることも出来なかった。

その夜、どうしても興奮して寝付かれないので、ジャーナリスト達や外出できないビジネスマンたちで、ごった返すバーでビールを飲み、玄関からふとホワイトハウスに目をやると、その瞬間、数十階もあるホワイトハウスの明りが突然全館掻き消えた。一瞬、私は何か胸騒ぎを感じたがどうする事もできない。部屋に帰り、これで長年築き上げて来た、ロシアとのビジネスも大混乱に陥り、これから先、会社をどの様に経営して行けばよいのか、まるでハンマーで頭を叩かれたような衝撃がしだいに体中に伝わり、私はほとんど一睡もできなかった。

何気なく夜中にテレビを付けてみると、ドイツからの放送が予言したとおり、戦車と装甲車で固めたクーデター派による、ホワイトハウス攻撃がCNNによって現場中継されていた。歩いて10分程のところで起こっている激しい銃撃戦を、テレビの前に釘づけとなって、衛星放送を通じて、夜明けまで見続けることとなった。

翌日、延々と続く戦車の帰還部隊とすれ違いながら、やっとの事で、シェレメチェボ空港にたどりつくと、多数の日本人観光客が予定を変更し、急遽帰国するために、入管、税関前にならんで、不安そうに立ち続けていた。また、ヤルタ近くで監禁されていたゴルバチョフも、もうその日のうちに無事解放されるというニュースが伝えられていた。誰が迎えに行くべきかを巡って、国会で延々討論されている様子が、空港内のテレビにも放送されており、ようやく、このクーデター劇も、一件落着の兆しが見えはじめていた。

本当に、ソ連で何が起こったのか、全貌を理解したのは、成田空港に到着し、貪るように日本の新聞に目を通した時であった。そして、このクーデターはすぐさま、私が進めていたビジネスを直撃し、大混乱をもたらすこととなった。

国会議事堂前のエリツィン派戦車とともに。

その頃、ナホトカ港湾局との契約で約5000万円の商品が準備され、すでに、港の保税倉庫に搬入されていた。ところが、船積みさえすれば、通常数日で現金化されるはずの、ソ連国立銀行の支払い保証のついた信用状（L／C）が突然、住友銀行から買取り不能と、突き返されてきた。要するに、ソ連という国はクーデターが発生した途端、一瞬にして100％国としての信用を失墜してしまい、国立銀行発行の5000万円の支払い保証書LCも、単なる紙屑と化してしまったわけである。

商品はすでに仕入れられ、数日中に船積される手筈になっており、今更、どうすることもできない。そこで、私はすぐにナホトカ港湾局長に電話し、非常事態のため、せっかく開設してもらった信用状では代金回収が不可能となったので、直ちに現金送金をしてくださいと依頼し、了解を得て、一安心した。だが、事態はそれほど甘くはなかった。

それから待てど暮らせど約束の5000万円は、

いつまで経っても届かなかった。それは、港湾局長が不誠実なのではなく、ソ連にはその後、政治、経済、文化などあらゆる分野で、激的変化が続き、御存知のように、ソ連崩壊へと突っ走って行き、外貨のあらゆるオペレーションも、全ての銀行で1年近く凍結されてしまったのである。そして、この未収金が無事回収されたのは、それから約1年半も経ってからであった。

その間、余儀なく立替払いとなったこの不良債権5000万円は、当然我が社の経営に大きな負担となり、苦しい経営を更に圧迫し続けた。それに追い討ちをかけるように、ソ連が音を立てて崩壊し、ウクライナも独立に向い、主要取引先であった黒海船舶公団もしだいに雲行きがおかしくなってきた。数年前に設立した現地法人Iwasa―シンガポールを通じて、活発に黒海船舶公団所属船舶から注文を受け、現地で月商3000万円以上順調に売上を確保していたが、その当時、売掛金額が次第に膨らみ、常時1億円以上の未収売掛残高をこの船舶公団に対して持っていた。

それまで、比較的スムーズに送金が届いていたので、すこし、気を緩めていると、支払いがどんどん遅延しはじめた。そして、時折1000万円ほど振り込みがあると、すぐに、追加注文が舞い込み、また、強硬な支払い催促をしなければならない状況になっていった。そのうち、ウクライナは完全に独立し、ロシア海運省がウクライナの有名な客船『マクシム・ゴーリキー号』を外国で差押えするなどといった、険悪な状態に一気に陥っていった。

シンガポールでは燃料代が支払えず、時には10数隻の黒海船舶公団所属船舶が身動き取れず、何万トンの貨物を積載したまま、2週間以上も、じっと港外に停泊していた。

そして、スエズ運河通行料不払いのため、ウクライナ船籍の船舶が次々差押えされたり、送金が届くまで停船を余儀なくされていた。これはまさに、パニック以外の何物でもない。ペレストロイカ開始後暫くした頃、ロシア人は自嘲気味に、これは『カタストロイカ』であり、ゴルバチョフはゲネラーリニィ・セクレターリ（書記長）ではなく、『ミネラーリニィ・セクレタリー』(ミネラル・ウオーターとかけて、酔っ払い取締令を出した大統領を皮肉っている)と言い合っていたが、まさに、旧ソ連全土でカタストロイカが今始まっているのだ。

この頃から、公団上層部を含め、巨大な船舶公団の全組織そのものが、急速に盗人集団に変質していった。国が滅ぶと言う事は恐ろしい事である。幾ら真面目に汗水流して、一生働き続けても、国家が国民の安全や人間的幸せを保証することができぬとすれば、各人一人ひとりが、盗人でも何でもして生きて行かざるを得なくなってしまい、モラルは失われて行く。まさに、ウクライナは、そういったぎりぎりの所に立たされていたのだ。また、我々に対する支払いが遅延しただけではなく、船員達への給与の支払いさえも滞り、あちらこちらで、ストライキまがいの騒動が発生し始めていた。

その当時、我が社では、黒海船舶公団所属の巨大船の定期検査修理を日本、シンガポール、韓国などの造船所に手配する代理業を行っていた。一隻、ドック修理すれば約1億円ほどの仕事である。仮契約のテレックスで、入港し、最終見積書にもとづいて正式契約書を交わす直前に、機関長、船長が必ず秘密会談を申し入れてくる。その秘密会談とは、船舶公団上層部からの指示にもとづいて、バックマージン(コミッション)をこの工事費から上手に盗み出し、どの様にそれらを山分けするかという相談である。船舶関係の仕事では、どこの国でも、ビジネスに関し、若干のお礼のコミッションを関係者に支払うのはある程度業界の常識である。

しかし、この頃のウクライナの常識はすさまじいものであった。まず、シンガポールでは船長、機関長が何か船用品を注文する場合、発注時に最低10％から20％、現金で懐に捩じ込む。支払いは遥か彼方、数か月先であってもまず現金である。従って、売上が多ければ多いほど立替金が異常に膨脹して行き、時には２０００万円以上の現金立替払いとなる。

しかも今回のドック修理は、また、金額の桁が違う。私は何を要求されるのか心配で恐る恐る、船長室の椅子に座ると、おもむろに船長は口を開き、エンジン修理の部分の見積もり金額２０００万円を示し、この部分は全く造船所の修理を必要としていない。なぜなら、乗組員が自分たちですでに修理を完了している。従って、請求書にはいつものように、この部分の金額も含めて署名し、後ほど船舶公団から請求金額全額が振り込まれる事となっている。そこで、この２０００万円のうち70％、つまり、１４００万円を数日中に持参する事というのである。そして、残り６００万円は分け前として、お前にプレゼントするという提案を出して来た。とんでもない話である。

私は即座にその申出を断ると、船長は「もう一度よく考えたほうがよい。こういった、サービスをする会社に今後、船舶修理の注文が多く決まるようになる」と半分脅しにかかって来た。現実に、一時的に仕事欲しさに、多額の現金を船長に前渡しして、媚びを売る会社がシンガポールや日本にも現れた。黒海船舶公団は、３５０隻の船舶を所有する巨大な船会社であったが、本社の上層部も、まともな給与はもらっておらず、精々月給１００ドル以下であり、臨時の余得収入がなければ、とても暮らしをたてて行く事は出来なかった。従って、それぞれが派閥を形成し、公団、つまり、国家財産を仲間で協力しあって上手く盗み、いかに余得にありつくかが、彼等の主たる関心事であった。

私は、毎日毎日オデッサに、電話やテレックスで、支払い催促をするのが日課となり、まともな仕事にはならなくなって、ストレスと気苦労からくる疲労が、全身に溜まりきっていた。

そして、ついに私は、長年お世話になった黒海船舶公団と、キッパリ縁を切る事を決心し、未払い売掛金の回収に全力をあげる事にした。まだ、自分の会社の数千万円の未収金と、私が斡旋した、大手造船所への修理費未収金が５億円以上あり、１年以上支払いが遅延していた。

体重１００キロ超で生活習慣病発生

― 努力を重ね1年で体重25キロ減に成功 ―

その頃私は、すでに40歳後半となっていたが、ほとんど何ら趣味もなく、早朝から夜遅くまでとにかく働き詰めで、国内をはじめ外国を飛び回る毎日を繰り返し、毎夕ストレス発散のため小奇麗なママがいる居酒屋で一献傾けるのが唯一の楽しみであった。

まだ若くエネルギーもあり、ロシア人やウクライナ人たちとウオッカで祝杯をあげ続けてきたため、アルコールにもとても強くなっており、平気で日本酒一升を飲み干すほどになっていた。しかも、好き放題に美味しいものを毎日たいらげてきたため、ぐんぐん体重が増加し、瞬く間に100キロを軽く超えて、本当に相撲取りと間違えられるほどの肥満体に変化していた。ある時、道頓堀のちゃんこ料理屋の暖簾をくぐると、和服姿の女将がにこやかに出迎えてくれ、「協会の方ですか？」と聞いてくる。「何の協会ですか？」と問い直すと、「勿論、相撲協会でしょう」とのことで、本物の猪首の相撲取りに間違われていたのである。

私は19歳の外大入学時には70キロ以下の体重であったことを思えば、毎日30キロもの無駄な荷重を抱えて暮らしているわけで、健康に良いはずはなかった。そして、お決まりの高血圧、高血糖などの典型的成人病、生活習慣病患者となっていたのだ。

そこで、一大決心をして掛かり付けの医師からの指導で減量を開始することとなり、減食と適当な運動を始めることにした。食事は思い切って夕食はビール1本、あても軽い低カロリーのもの一皿と決め、1ヶ月継続すると即座に5キロ減量した。

ただその後は全く何ら効果が表れず、医師に相談すると適度な運動をするように勧められた。医師は「水泳であれば1000メートルほど泳げばかなり効果があります」と、助言をしてくれ、早速お安い御用と、道頓堀にあるニュージャパンサウナのフィットネスクラブに入会し、プールに通い出した。

しかし、「言うは易く、行うは難し」で、25メートルプールを一度泳ぎわたるだけで、荒い息を吐き続け、それ以上は全く泳げないではないか。それでも私は歯を食いしばって毎日プールに通い、少しづつ25メートルを50メートルに拡大し、次は100メートルと頑張り、1年後には休憩しながらではあるが、本当に１０００メートル泳ぎきることが可能となった。

それから少しずつ体重が減りだし、１年経過後には何と20キロ減量していたのであるから、努力はしてみるものである。そういった努力の結果、少しずつ健康を取り戻していった。

ロシア客船プリアムーリエ号炎上事件 ―大阪港で死者11名の大惨事発生―

ところで、ソ連崩壊のちょうど3年前の昭和63年（１９８８年）５月18日、私は通常通り朝早く大阪港近くの事務所に出勤し、業務を開始しようとすると、なぜか回りにきな臭い匂いが漂い、何事かと思っていた。すると次第に周辺が騒がしくなり、テレビのスイッチをひねって画面を見ると、会社から徒歩数分にある、大阪港中央埠頭第一突堤に停泊中の、私の会社の得意先でもあるソ連極東船舶公団所属の客船プリアムーリエ号（４８７０トン、全長１２２メートル）が、黒い煙をもくもく数百メートルも上げながら炎上している様子が映し出されていた。

私の会社は、直接この客船との取引はなかったが、所属の極東船舶公団（ウラジオストク）とは常時取引があり、大変なことになっていると驚き、すぐに停泊中のプリアムーリエ号まで駆け付け、船側まで接近すると、消防車十数台が、空に大きく白い弧を描いて放水を盛んに行っていたが、船体は大量の水が船内に溜まって大きく傾き、ほとんど全焼の状態であった。

この大事件発生に私は気が動転し、どうしてよいかわかりかね、一端は事務所に引き返した。

そして、しばらくすると、東京のソ連船・船舶代理店東洋共同海運（株）の、ロシア人取締役から緊急電話があり、救援活動に参加してほしいと依頼があった。それでも事態の真相はまだ何もわからず、どういった救援活動をすればよいのかもはっきりしなかった。その後、ウラジオストクの船舶公団本社からも連絡があり、乗員、乗客４２４人が被災し、犠牲者11名と多数の重傷者が出ていることを知らされ、愕然とした。

被災者の多くは現在近所の中学校体育館に緊急収容されており、いずれ近在のホテルに分散して宿泊することになっているというではないか。そして、船舶公団から被災者は、深夜の火災でもあり、着の身着のままで避難していて、あらゆる日用生活雑貨が不足しているので、とりあえず、順次被災者が収容されるホテルを回り、どんな品物が必要か具体的要求を聞いたところ、日常生活必需品を供給してほしいとのことであった。

会社のスタッフが手分けして、各収容先ホテルを順次訪問し、被災者代表から聞き出した緊急生活必需品の希望アイテムリストを作成し、次々集荷しホテルに配達することとなった。多数の被災者の洋服、下着類、生理用品、歯磨き用品、石鹸、タオル、靴、チリ紙、各種薬品などなど多種多様な生活用品を入手し、散在するホテルに配送して届けた。何しろ、合計４００人を超す人たちへの品であり、結局８００万円を超す品々を立て替え払いで集荷し、配達することとなった。

そうこうしているうちに、ウラジオストクの船舶公団本社より、工務監督数名が到着し、今後の対応策を協議しはじめた。そして、ようやく翌日、火災が鎮火すると消防署、警察など連日数百人が大挙訪船して現場検証を行い、火災の原因の検証を開始し、また、来る日も来る日も大勢の各社新聞記者やテレビ局記者が大阪港にたむろし、あることないこと推測記事を書き立て始めた。

ただこの火災の原因は、日本側の懸命の捜査や現場検証でも全く不明で、後にロシア側の発表によって、酔っ払った乗客が船室でコップに入れて使用した、電熱コイルの湯沸装置から出火したという事実が公表されるまで、日本側捜査では明らかにされないままであった。恐らくこういった時代遅れのむき出しの、前近代的な『電熱コイルの湯沸かし』など見たことも聞いたこともない捜査当局者には、想像もできなかった出火原因である。

この頃、ちょうどソ連崩壊の直前でもあり、ソ連の社会情勢は極めて不安定であり、規律も緩み放題で、黒海沿岸のノボロシースク港沖合でも自国船同士、アドミラル・ナヒーモフ号という客船と貨物船が衝突して沈没し、数百人が死亡するなどの様々な事故が相次いだ。

４００人もの船員、船客の多数の生命を預かるプリアムーリエ号の船長も、倹約することばかり考え、通常雇用する安全のための日本人監視員を雇用せず、ロシア人スタッフがタラップに赤い腕章を巻いて、のんびり立っているだけであった。

そして、深夜出火時このロシア人安全監視員は、どこに緊急連絡すればよいのかを全く知らず、岸壁倉庫の赤いベルを慌てて押して回ったが、それは消防署には全く繋がっておらず、倉庫付近に警報を鳴らすのみであり、結局発火後約1時間たって消防署が駆けつけるまで、船体は赤い炎に包まれて燃え続け大参事となり、火元の客室周辺に就寝していた青年たち11人が、焼死する大事件となってしまったのだ。

被災した数百人のロシア人旅客と乗組員たちは、本当に着の身着のままで命からがら近所の中学校体育館に避難し、不安な夜明けを待った。中には海に飛び込んだ者もおり、その姿を目にした大阪港周辺住民たちが、自発的に救援活動にあたり、彼らが収容された築港中学校体育館に毛布や衣類を持ち込み、ジュースやパン、下着、タオル、石鹸などを差し入れ、例え言葉が通じなくても、自然発生的な暖かい民間交流が始まり、ロシア人青年たちは涙を流して、住民の支援に感謝した。

翌日には、11体のロシア人青年たちの遺体が収容されていた、築港1丁目の高野山真言宗釈迦院では、多数の参列者を迎えてしめやかに供養が行われ、参加者の涙を誘った。それから鎮火したプリアムーリエ号の事後処理が始まり、数日のうちに被災者や乗員を迎えるため、同じ公団所属の新鋭客船と、航行不能となったプリアムーリエ号を曳航するオーシャンタグが次々到着し、事件は終焉に向かった。

火災発生後プリアムーリエ号がタグボートに曳航されて、無事大阪港を離岸するまでの約2週間ほどはまるで、嵐のような日々が続き、私の会社は極東船舶公団所属の工務監督官や急遽駆けつけた、副総裁などの待機事務所となり、彼らは連日私の会社に現れ、ウラジオストクや関係先との連絡交渉に利用された。ただ、この焼けただれたプリアムーリエ号を曳航して、日本海の波頭を越えて帰国するには、海運局が認可した船体の安全確保のための一定の工事が必要となり、その緊急工事２０００万円を受注し、安全灯設置、破壊された窓などへの閉鎖工事、曳航用の大系ワイヤーロープの手配などの仕事が次々依頼され、多忙な毎日が続いた。

そして、乗客、船員たち総計約４００人を故郷ロシアに送り届けるため、極東船舶公団所属の真っ白い船体の新鋭客船「コンスタンチン・チェルネンコ」号（後にルーシー号と改名され、ウラジオストク〜富山県伏木港間の定期航路に就航）が大阪港に姿を現した。すると、この客船の所属する船舶公団副総裁で旧知のピクス氏が私の会社事務所を訪れ、深々と頭を下げて私の目の前にスーパーのビニール袋を置いて、次のような異例のお願いを述べた。

帰国するロシア人被災者たち。

今回の乗客は、スプートニックという旧ソ連国営旅行社が手配した日本旅行に参加した青年たちのグループであったが、彼らは初めての外国旅行になけなしのお金を支払い、憧れの日本に到着し、存分にそのツアーを楽しんでいた。ほぼ全員が当時あこがれの的であった日本の電化製品類を大量にお土産として買いこんで、船室に保管していた。しかし、船会社の不手際で火災が発生し、船体は全焼してしまい、あっけなくすべての電化製品も灰となったという。

そして彼ら乗客は、船会社にそれらの手土産品の補償を訴えており、すでにタグボートが船側について出航準備を始めているにも関わらず、船長に詰め寄り、再度電化製品を購入する時間を保証せよと要求し、正にパニック状態で、とても出航は不可能な状況になっていた。

そこで、仕方なく迎えの客船の出航を一日延期し、希望者にはタクシーを用意し、大阪・神戸市内の免税店での買い物を許可した。しかし、それでも収まらぬ乗客たちは、追加でお土産品を船会社から支給せよ、と大騒ぎとなっており、船長はその交渉で缶詰め状態になっているとのことである。

要するにピクス副総裁は、私の目の前にビニール袋に入れた400万円の札束を渡して、明日の午後までに、乗客が希望する様々な商品を調達してほしいというのである。その買付アイテムリストを見ると、電化製品、時計、文房具その他もろもろの品々が列挙してあり、明日の出港時間までにこれらをそろえて配達するのは至難の業であった。

とりあえず、縋りつくピクス氏の依頼を受け入れ、私はスタッフとともにトラックに飛び乗り市内を回って、最大限彼らの要望に応えられるよう商品を集貨し、翌日出航間際の客船に配達し、無事彼らは帰国の途に就いた。

そのコンスタンチン・チェルネンコ号出航の5月22日当日は、明るく澄みきった快晴で、すでに被災者たちは乗船を終了し、大型タグボートが2隻前後につき、ゆっくりとこの客船がカチューシャの調べに乗って離岸し始めた。

その時である。岸壁に続々と集まっていた、救援活動に参加した大阪港周辺の地域住民約500人が、船側に次々駆けつけ、突然「サヨウナラ」の大合唱が始まり、上部甲板に勢ぞろいで集合したロシア人青年男女が大きく両手を振り、「スパシーボ、スパシーボ!」(ありがと

う の意味）と声を合わせ、涙ながらにちぎれるほど両手を振り続け、白い船体の客船は静かに沖合いに離れて行き、ロシアに向けて舳先を向けた。

これが大阪港を舞台にした、ロシア客船プリアムーリエ号炎上事件に関わった私の体験の一部始終である。その後1ヶ月ほどして極東船舶公団からは、丁寧な感謝の手紙が届き、更に追加に約２０００万円ほどの船用機器部品の発注があり、思いがけぬ合計４０００万円を超す大商いとなった。

ウラジオストク港湾管理局長夫妻との交流
─乳がん手術成功で命の恩人と謝意─

この頃私の会社は、旧ソ連各地船舶公団との取引をほぼ確立し、更にその周辺の海運省傘下の様々な組織との取引拡大を目指し、とりわけ同じ海運省傘下の、民営化された港湾管理会社とのビジネスを模索し、すでにナホトカ港湾管理会社、その隣のボストーチニー港湾管理会社、更にウラジオストク港湾管理会社、そして、ウクライナの各地港湾管理会社などとも取引を開始し、様々な港湾荷役機械、それらの部品などの輸出を始めていた。

そういった懸命の営業努力の結果、加藤製作所の50トンクレーン7台を受注し、総額3億5０００万円ほどの売り上げをあげたり、ボストーチニー港向けには、神戸港で稼働していた中古コンテナ運搬車輌（ストラダル・キャリアー）２台＝5０００万円などを輸出し、ナホトカ港にも一台1500万円の、TCM製18トンの大型フォークリフト数台を輸出するなどの実績を次々積んでいた。

ウラジオストクがようやく外国人にも開放されると、海運省直属のウラジオストク港湾管理局長、チェレドニチェンコ氏から視察訪問の提案が届き、極東地域の港湾管理局長10名の訪問団が視察に訪れ、その視察旅行を私がすべて企画し、大阪、神戸港などの港湾局長との面談を行い、豪華な小型ボートに乗船して港湾の視察を行った。

そして彼らの視察も順調に終了して全員帰国し、しばらく経った正月明けのある日、突然氏から電話がかかり、個人的ではあるがお願いがあるとのことであった。実は彼の40歳過ぎの幼馴染の妻が乳癌とわかり、ロシアで治療を始めたが、あまり病状が思わしくなく、至急日本で治療させたいというのである。

私はそれから色々相談した結果、保険がきかないので結構の治療費がかかるが、大阪のある大病院が受け入れを了承してくれたと伝えたところ、ぜひ日本で医者に見せたいということで、私が保証人となって査証を取得し、早々に二人は来日して、受け入れを承諾した大阪の病院で診察を受けることとなった。

そして、3月末に奥さんが先に大阪に現れ、数日港湾局長の到着を待つ事となった。大阪到着後、しょんぼりと沈んだ奥さんを見るに見かねて、私の車で桜見物に誘い、見事に満開に咲きほこる岡山県津山市の、城跡鶴山公園の5000本の桜を見たりと、彼女の心を癒やした。

それから1週間遅れで港湾管理局長が到着し、いよいよ彼女の右乳房は摘出されることとな

今は亡きチェレドニチェンコ夫妻と共に。

り、数時間の手術の末、無事完全に患部が切除され、当面の危機は去った。

その後、私の会社の近くにウィークリーマンションを借り、二人はしばらくその部屋で過ごしたが、港湾管理局長は公務が多忙のため早めに帰国し、奥さんはまだ手術後の治療が必要なため、私の会社スタッフが何くれとなく面倒を見ることとなった。

ただ、しばらく大阪に滞在した彼女だが、寂しさが増したのか近所のスナックに入りびたり、毎夜ワインを開けるなどして酒浸りとなり、そこのママさんに自分の無残な胸の傷跡を見せて、「スクラップ、スクラップ」と叫んだり、ご主人が今頃ほかの女と抱き合っているなどと言い、嫉妬に狂い出してしまった。

その後彼女は、1ヶ月半ほど大阪で療養したのち無事帰国し、余命を保っていた。そして、その翌年私の会社は敢え無く倒産となり、全てを失った私は、彼らとの連絡がしばらく途絶えていた。

それから3年ほど経った頃、私がウラジオストクを再訪問することとなり、空港に降り立つと、立派なジープで迎えに来てくれ、そのまま彼らが待つレストランに直行した。レストランに到着すると、件の港湾管理局長夫妻を始め、家族全員が正装で揃っていて、テーブルには豪華な料理がてんこ盛りに飾り立てられ、私を歓迎するパーティーが用意されていたのだ。そして、再会した奥さんは「命の恩人が来てくれた」と私に抱き着き、思いっきり強く頬にキスを繰り返し、私は思わず涙がこぼれた。

ただ残念なことにこの港湾管理局長は、50歳過ぎで急逝してこの世を去り、思い出の多いこのご夫妻との縁は切れてしまった。

47歳の誕生日に「レニングラードと大阪の友好を深める夕べ」開催

―主催：岩佐貿易株式会社、後援：在大阪ソ連邦総領事館―

１９９０年1月19日、私の47歳の誕生日当日、大阪駅前丸ビルにある第一ホテルにおいて、「レニングラードと大阪の友好を深める夕べ」を開催し、在大阪ソ連邦総領事デニーソフ氏、ソ連邦海運省駐日代表イリン氏なども参加するパーティーを開催し、日露双方の参加者１００人で大いに盛り上がった。

参加者の多くは取引先代表者、知人友人や総領事館員6名を含む多数のロシア人も参加があり、デニーソフ氏からも岩佐貿易（株）が、ソ連船舶の円滑な運航によく寄与してれていると

デニーソフ・ソ連総領事（右端）などとともに。（左から二人目が著者）

の感謝と激励の言葉があり、会場の雰囲気は大きくなごんだ。

この直後、旧ソ連は完全崩壊し、私が主宰する岩佐貿易株式会社も、大きな危機に見舞われてゆくのであるが、その嵐の前の楽しい夕べであった。

さて、１９９１年８月のゴルバチョフのクーデター騒ぎがようやく収まり、エリツィンに政権は変わったが、その後もしばらくソ連は揺れ続け、ついにその年12月、ソ連崩壊への坂道を転がり落ちて行った。

そして、私の会社経営も次第に困難さを増し、黒海船舶公団からの支払いは大きく遅延し始め、船舶修理代金５億５０００万円以上が焦げ付いていた。私は毎日のように黒海船舶公団に電話し、支払いを要請する協議を繰り返したが、結局色よい返事はもらえず、とうとう法的手段に訴えることを決意し、海事関連訴訟専門の法律事務所を探し当て、シンガポールで船舶公団所有船に対する法的手段を講じることに決めた。

まず第1回目に5000万円の不払い案件に対して、直ちに貨物を満載した定期航路の船舶を差し押さえた。そして、オデッサの担当者に電話をかけ協議を行い、約1ヶ月後に債権を回収することに成功した。

そこから、引き続き大手造船所で修理した費用、5億円に対する債権取り立てにかかり、再度定期航路の船舶を差し押さえたが、何しろ金額が大きいため、船舶公団も迅速な対応ができず、結局すべて回収できたのは、公団が他の貨物船を売却して資金を確保できた1年以上経過した頃であった。

こうして、長らくお世話になった旧ソ連の名門、黒海船舶公団との取引は完全に停止となり、その後、この船舶公団はソ連崩壊とウクライナ独立後の混乱で、350隻の所有船舶をすべて売却して解散し、現在跡形も残っていないとのことである。しかも、船舶売却時に最後の総裁は多額の賄賂を懐にねじ込み、その醜聞が暴露されて逮捕され、7年間の実刑に服した。

売掛債権は何とか遅ればせながら回収できたものの、ソ連は1991年12月に完全崩壊し、底知れぬ混乱に陥って行き、ビジネスはほとんど失われ、私の会社も大きな困難に見舞われた。

しかし、今までソ連一辺倒のビジネスしか知らない私には、にわかに方向を転換することは不可能であり、業績はどんどん悪化し、多数の社員を抱えて、たちまち資金繰りに悪戦苦闘する地獄の日々が始まった。

第六章　52歳で破産整理し大きな挫折

遂に倒産、破産宣告を受け52歳で全滅

そして、１９９５年１月（平成７年）阪神大震災が発生し、神戸をはじめ関西には暗い気分が漂う同じ年の３月に危機は突然訪れた。ソ連崩壊により、主要取引先であった黒海船舶公団を始めすべての取引先が大混乱をきたし、つるべ落としにみるみる仕事が減少していった。

当時すでに民間企業が旧ソ連にも開設を許され、海運省以外の民間会社からの建設機械などの注文も時折入ってはいたが、継続的でもなく不安定極まりなく、交渉も不調に終わることが多く、売り上げは急激に減少して行き、にわかに資金繰りに窮してきていた。何しろ大阪事務所のみでもスタッフを15人ほど抱えており、コンスタントに月間１５００万円ほどの経費が掛かり、手形は毎月２０００万円以上回ってくるし、たちまち台所は火の車となった。

その頃はまともな商談どころではなく、朝から晩まで資金繰りに神経をすり減らし、手形決済や支払期日が近づくといてもたってもおられず、とうとう手形期日のジャンプ（決済期日の延長）のお願いに、仕入先に頭を下げて回るのが日課となり、会社の信用は一気に凋落してし

まい、苦しい毎日が続いた。

連日昼も夜も悩み続け、宝塚の高台に建設した自宅で、深夜どうしても寝付かれず、寝返りを打ってため息ばかりついていた。すると､隣で休んでいた妻から「どうしたの?」と聞かれ、つい「手形がまもなく回ってくるけれど、資金が不足して不渡りが出そうで、寝付かれない」と暗い顔で告白した。そして、不足金額を聞かれ、妻が一時的にかなりの不足分を立て替えてくれることとなった。

その時は妻の緊急援助で一度は危機を乗り越えたものの、次々綱渡りの資金繰りが続き、しばらくすると、再び3000万円以上の資金ショートが避けられなくなってしまい、緊急に弁護士に相談すると、負債額も数億円と巨大で、ここまで来れば破産整理して、会社を清算するしかないと助言された。

私はしばらく考えた挙句、思い切ってついに破産整理を決意し、その準備に取り掛かった。多数の取引先や関連先に多大な迷惑をかけることになるが、ここで潔く会社も私もすべてを清算し、ゼロから再起を目指すにはこの方法しかないと納得し、背に腹は代えられないと大きな決断をした。勿論、会社の一億円を超す融資の際に、連帯保証人となっている私個人も同時に破産することとなり、数日間極秘裏にその準備に多忙を極めた。

しかし、破産と一口にいっても簡単ではない。アドバイスに従って破産整理を決意したことを弁護士に告げると、即座に手続き費用として「400万円現金でお持ちください」とニッコリ笑顔でのたまうではないか。正に、私にとっては、地獄であっても弁護士にとっては逆によい仕事が入ってラッキーという雰囲気である。

しかし、すでに会社も私個人もとっくに財布は空っぽで、とても即座にそれだけの資金を準備することは、到底不可能な状態であった。

再びその苦境を妻に相談すると、さすが『糟糠の妻』である。私に積み立ての生命保険が掛けられており、解約すれば400万円ほど準備できるというのである。正に地獄に仏で、私は妻にその生命保険を解約してもらい、現金400万円を弁護士事務所に息せき切って届け、無事会社清算へと大きく前進した。

いよいよ破産申し立てをする前日の夕方、私は高校2年と3年、そして短大生であった3人の娘と妻を緊急集合させ、今まで懸命に頑張ってきたが、とうとう力尽きて、明日裁判所に破産を申し立てることになったと告白し、涙ながらに家族にこれから苦労をかけることを告げた。

そして当日、会社では全社員を緊急に集めて「本日破産申請し、会社を解散する」ことを告げ、1ヶ月分の給与を前渡しして退職をお願いした。その朝、弁護士を通じて手際よく裁判所に破産を申し立てたため、直ちに裁判所から破産宣告が出され、会社は執行官によって封鎖された。そして、自宅にも裁判所から強制執行官が急行し、私の財産と見なされた家財道具一式を差し押さえ、直前まで私の財産であったそれらの品々を、もし必要であれば買い戻せと宣告された。

強制執行官によって差し押さえられた元自分の所有家財道具一式を、妻が10万円で買い戻し、何とかしばらくは生活できることとなった。弁護士の助言で自宅玄関前には『破産宣告』を貼り出し、私は終日自宅に息を潜めて閉じこもった。翌日には、日本経済新聞紙上に大きく破産宣告が告知され、私は会社一切を清算し、個人財産もすべて一瞬にして失い、52歳で浪々の無職となった。またその日のうちにガレージに止めていた高級車シーマも、販売店社員が急行して、ひきつった表情で早々に引き上げてしまい、倒産の実感がじわりと心に迫ってきた。

私は50万円の小資金でトラック一台から手塩に掛けて育て上げ、年商20億円までに成長させた会社を、6億円の負債を抱えて一瞬にして破産させてしまったのである。多数の従業員をはじめ、取引先各社や融資先銀行などにも多大な迷惑を掛けてしまったことに慚愧の念が沸き起こり、にわかにはどうすればよいのか分からず途方にくれた。そして、家の外に出かける気がまったく起こらず、一歩家を出れば世の中全ての人が後ろ指を差して嘲り、白い目で見るという恐怖に襲われ、終日意気消沈して黙り込んで自宅に篭りきりとなった。

数日後、会社役員も引き受けてくれ、銀行からの1000万円の融資を受ける際、快く連帯保証人を引き受けてくれていた、吉岡博之さん（当時70歳代）から電話があり、大迷惑をかけたと詫びたが、思いがけず逆に激励を受けた。失意のどん底にいる52歳の私に「まだまだ若い、今から再起を目指せばなんでもできる。自宅に篭らず出てこい」というのである。

そこで、大恩のある先輩を恐る恐る訪れると、再度暖かい励ましの言葉をかけてくれ、再起を目指せとのことで、熱い感動を覚えた。しかも、この先輩は私の会社の融資時に連帯保証人を引き受けてくれていたため、早速銀行から支払いを求められ、銀行からは金額が高額なので、一括返済に困難があれば融資を行います、との提案があったとのことである。するとこの先輩は「このビジネスマンを信用して保証人となったが、その時、万一の時のために全額現金を用意してから押印したのだ。明日全額現金で支払うから、受け取りに来い！」と一喝して翌日、本当に私のために連帯保証人として、全額を弁済してくれたというのである。

その話を聞いた時、私は自信喪失していた全身に衝撃が走った。この世にこういった形で私の失敗を認め、しかも、大きな迷惑をかけたことを責めず、逆に再起を励ましてくれる人間が一人でもいるということに、大きな驚きを感じ、再起を目指すきっかけとなった。

印鑑を貸せと言って、遺産相続協議書を偽造してまで、両親の遺産を独り占めし、豪勢な自宅を建て、私と3歳の娘がその『豪邸』を訪問した際、兄嫁はまるで乞食の子を見るような目で私の娘を睨み、「手足を洗ってから座敷に上がれ」と宣告した、血のつながった兄弟一家とは大いに相違する、温かい人情であった。

遠い昔、ビルの暗い谷間で見知らぬ易者が予言した「肉親の縁は薄いが、他人が助けてくれる運がある」を正に実感したものである。

しかし、再起といっても全ての金銭を失い、信用も失墜した52歳の男に、どんな可能性があるのであろう。残されたのは、私の傍らにいる幼い娘3人と妻の家族のみである。幸い破産後約1年間は当時の自宅の使用を認められ、裁判所では私個人と会社の申し立てを審査し、虚偽や不正がなければ、全ての債務を帳消しにするという免責決定が行われることとなった。

また、その審査の続く約1年間、年賀状を含む全ての郵便物は、管財人弁護士のところに自動的に送付され、開封検査後私に返却されるということになり、定期的に管財人事務所を訪問しなければならず、いささか屈辱的な1年を過ごした。

しかし、思い直せば破産整理とは債権者のための懲罰的制度ではなく、債務者の人間としての最後の権利を守る優しい救済制度である。要するに裁判所が破産宣告を出して、約1年の審査を経て免責決定書を受け取れば、いくら巨額の負債でもすべて返済や責任を免除され、破産者は全財産を放棄する代わりに、ゼロからの再起を目指せるという救済制度なのである。

確かに有形無形の社会的制裁を受け、それまで親しい関係であった知人や友人たちも何人かは自然に離反してゆき、まさに芥川龍之介の小説『杜子春』の世界とも言える様々な、不愉快な事も経験した。

例えば、私はある全国的な日露友好交流団体の会員でもあったが、この友好団体が発行する和露両方で印刷された、大阪の産業、観光、文化などを紹介案内する冊子が毎年発行され、日露双方の関係者に幅広く配布されていた。そして、私と会社が破産整理後しばらくすると、その冊子にＡ４全ページに大きく私の会社の宣伝広告が掲載された冊子が送付されてきたので、ページをめくると、私の会社倒産のことがまるで一大ニュースの如く、嘲るような文面で巻頭文にご丁寧に露和両方で記載されており、しかも、「ロシアの債権踏み倒し」が倒産原因であるとの、誤った解説まで加えられているではないか。たかだか年商20億円足らずの会社の倒産が、それほどのニュースでもあるまいし、その団体幹部の私に対する、敵意や嘲笑をはっきり感じさせる文面であり、私は大阪外国語大学名誉教授の、その団体大阪代表山口慶四郎氏に抗議文を送付し、その文面の削除と謝罪を申し込んだ。

察するに、私の会社が創業後急成長し、私が不動産を多数所有するようになり、最高級車シーマを乗り回して、我が物顔で闊歩している姿に嫉妬し、苦々しく思っていた輩も周りに結構いたのであろう。その後、再度翻訳通訳業務を主業務とした小事務所を立ち上げ、知人たちと祝賀会を開催したが、そのときの呼びかけ人に偶然名を連ねた女性通訳者を、私のまるで不倫相手の愛人のようにメールリンクで触れ回り、誹謗中傷する人物がこの団体にもいたそうである。

この小冊子の件については、しばらくすると、代表者の山口名誉教授から丁寧な謝罪文が届き、編集責任者に厳重注意を与え、問題のその冊子を全て回収し、私の会社に関する文面を削除することになったとの知らせがあって一件落着した。

そしてその代表者の山口名誉教授とは、この時の縁で長年にわたって友好的関係が続き、私がようやく再起を果たし、貿易に本格的に取り組む新事務所を開設した際、わざわざ遠方から駆け付けてくれ、温かい励ましの祝辞を述べてくれるほどの関係となった。

とにかく、倒産や破産は不祥事ではあるが、決して犯罪ではなく、夫婦の離婚などと同様、人生では誰にでもいつでも起こりうる社会現象であり、時折わずかの借金や倒産で自ら命を絶つ人たちがいることはとても残念なことである。ビジネスで失敗して命まで失うことはないのではないかと思うし、いくらでも再起のチャンスはあるものである。「失敗は成功の母」でもあり、決して一度や二度の失敗でくじけることはないと思う。私の場合、幸いにも家族の支えが大きな力となり、更に知人、友人たちの有形無形の支援も再起の大きな原動力となったが、その力の根源は言うまでもなく勿論自分自身の不屈の精神である。

ところで倒産後、謹慎して自宅に篭っていた時、高校時代の故郷の親友・蜂谷栄二君から思いがけず電話があり、大阪駅で再会することとなった。彼とは大学受験の際、同宿で朝まで話がはずみ、その結果両方とも大阪府立大学、大阪市大の受験に失敗し、彼は一年天王寺の予備校に通い、翌年早稲田大学に合格。倉敷で父親の会社を継いで裕福に暮らしていた。

久しぶりに親友と再会し、あれこれよもやま話に花を咲かせて、いよいよ別れ際に、彼は封筒を私に差し出し、当座の生活資金として40万円を渡してくれた。その上、私を故郷倉敷に招待し、高校同級生3人を集めて私を激励する夕食会をも開催してくれ、その夜、ホテルの同室に宿泊し、青春時代の思い出を語り合った。

しかし、そうこうするうち、私は体調不良を起こし始め、頭痛やのどの痛みに悩まされ、近所の女医さんの耳鼻咽喉科で診察を受けた。そして、型どうりの診察を終えると女医さんは、どこも全く異常はないというではないか。納得がいかず、私がしきりにのどの異常や頭痛を訴えると、「最近何か生活上変化がありましたか?」と聞かれ、「実は先日倒産し、失業しています」と告白すると、先生は最近リストラにあった後など、中高年の男性に同様のケースがよくあり、精神的な不安定さがのどの痛みや、頭痛などの訴えとなることがあるとのことで、精神安定剤を処方してくれ、それを服用して心の安定を保った。

第七章　小説『漂流』に励まされ再起への決意

〝五十面〟下げて日雇いアルバイトの毎日

そうこうしているうちに、私も何か始めなければならないと思い直し、毎日アルバイトニュース3誌や新聞の求人欄に目を通し、年齢不問と記載があればすぐ電話して面接を受け、アルバイトに出かけ始めた。

最初の仕事は阪神百貨店の、配送センターのトラック運転手であった。毎朝5時に起床して電車で約1時間の、阪神野田駅近所の集配センターに出かけ、朝7時から2トントラックに満載された小口配送荷物を、午前と午後の2回に分けて運送して、一日1万円の仕事である。ただ、このトラック運転手の仕事は約1ヶ月しかなく、すぐに終了した。

しかし、それまで続いていた頭痛やのどの異常は嘘のように消え去り、女医さんの指摘通り、体の不調は精神的なものであることが証明された。

こうして始まった倒産後の苦しい生活ではあったが、次々アルバイトを探して、結構多忙な毎日が始まった。

その後、いわゆる五十面を下げて、次々食用油製造工場の夜警員、引っ越し手伝い、麺類のレストラン、食堂への配送トラック運転手、正月の住吉大社境内でのたこ焼き屋手伝い、小学校の夜警員、企業統計調査員、ガソリンスタンドの深夜営業スタッフ、破棄バイク収集などの数々のアルバイトで糊口を凌ぎ始めた。

そんな中、ある日新聞広告でリフォーム会社営業マン募集が目に留まり、応募してみると早速採用となり、大阪駅近くの会社に勤務を始めた。その年の1月に阪神大震災があり、神戸、芦屋、西宮、尼崎、宝塚、伊丹などの阪神間の住宅は軒並み、屋根や側壁などに様々な破損が発生し、住宅リフォームは大忙しであった。

社員10名ほどのこの会社社長は、元左官上がりの根っからの職人で、左目がつぶれた、見るからに曲者の面相の男であった。そして、毎朝朝礼で営業係を整列させて20分も30分も、決まって「働きが悪い、売り上げを拡大せよ」と大声を張りあげて罵倒し、今日の営業目標数値を起立させた全員に述べさせて仕事に送り出すのであった。

一名のリーダーと共に、3～4人が一チームとなって各地に散らばり、震災被害の多い地域を一軒一軒訪問して、玄関ベルを押して、「何か御用はありませんか?」と聞いて回る仕事についた。私も作業服に身を固めて、一軒、一軒ベルを鳴らして歩くけれど、ほとんど不要と即座に断られるので、ほとほと嫌気がさして、結局喫茶店で休息をとるばかりで、中々仕事にはならなかった。

しかし、いやいやではあったが心を持ち直して、懸命にベルを鳴らしていると、概ね100

軒に一回ほどは何らかの反応があり、そのうちうまく成約することができ、無事外壁の亀裂の修繕工事を施工することとなり、ようやく基本給20万円のほかに成約金額の5％を手数料として獲得でき、次第に自信が湧いてきた。

ただ、この会社はかなりいい加減で、工事受注時に全額前金を受け取り、工事は順番待ちで2〜3ヶ月は待機しなければならず、多数の受注残を抱えて資金は潤沢であった。

ところが、有能な営業マンが多数受注契約を交わすと、社長が片目を大きく開いて色々難癖をつけて嫌がらせを始め、工事施工後、たいてい大声で口論して営業マンが受け取るはずの手数料を放棄し退職するため、再度新規スタッフを募集するということの繰り返しで、どんどん社員が入れ替わっていった。そして、勤務後2〜3ヶ月経つと神戸営業所を開設し、私を課長に昇進させて多忙な神戸に転勤を命じた。

その頃、すでに猛暑が始まり、垂水周辺の住宅地を毎日歩き回り、営業に従事したが、あまり成績も上がらず、涼風を求めて喫茶店で休憩するばかりであった。そんなある日、垂水駅近くの画廊喫茶店を覗くと、素敵な油絵の展示が見えたので、急いで飛び込み、その時個展を開催していた金光明子さんという女流画家と知己を得て、それから20年以上の現在も交流が続いており、人との出会いは不思議なものである。

とにかく会社の方は、顔を合わせればスタッフに大声で怒声を浴びせ、好き放題を喚き散らす社長には私も次第に愛想を尽かしていた。ある日、神戸事務所に夕方帰着すると、先日勤務を開始したばかりの可憐な女性事務員が突然退職したとのことでがっかりした。よくよく同僚に聞いてみると、その日事務所で社長と現場工事スタッフが口論を始め、女子事務員の面前で掴み合い、激しく殴打しあったそうで、その凄まじい様子に女子事務員は恐れをなして、早々に退職してしまったのだそうである。私もとんでもない会社に就職したと反省し、その後思い切って退職届を提出してこの暴力社長の会社を去った。

その後も、再度様々なアルバイトに明け暮れる日々を過ごしていたが、小型軽自動車で路地裏を回る廃棄バイク収集業には、約1年携わって様々な体験をした。当時廃棄バイク収集業は花盛りで、アルバイトニュースのあちこちにスタッフ募集の広告が見受けられ、比較的近い尼崎の会社に応募すると、それはペルー人の若い経営者が公園脇の空き地を収集場所にした全くの個人事業であった。とにかく即日軽トラックに小型アルミ梯子を積んで、「ご不要になったバイクはありませんか、高く高く買い取ります」と大音響で放送しながら街々をゆっくりと回る仕事に就いた。

最初、廃棄バイクがそんなに出てくるとは想像もしていなかったが、結構声がかかり、毎日数台を積んでは、髭をたくわえたペルー人の親方が待機する草むらの空き地に運んだ。

そして私は、このビジネスのノウハウを次第に身につけ、一日1万円以上の収入が確保できるようになった。

ある日、集積地の空き地から近所の公団住宅をゆっくりと車を走らせていると、向こうでおばさんが激しく手を振っており、接近すると目の前のホンダ・カブを指差し、いらないから持って行ってと言うではないか。そこで、すかさず親方から聞いていたように「このバイクは買取できませんよ、無料でもよければ引き取ります」と言うと、「結構です、とにかくかたづけて下さい」と言うではないか。

実はこのカブは、結構な値段で親方が買い取ってくれる代物であった。そして、喜び勇んで梯子を下して高校生らしき娘さんに押し上げてもらいながら、このバイクはどうしたのですか？　と聞くと、つい先日大酒飲みの父親が肝臓がんで他界してしまい、もう誰もバイクに乗る人がいなくなったのだそうである。

その日は仕事を開始して30分ほどで大きな獲物が網にかかり、親方は上機嫌で、このカブに3万円の値を付けて買い取ってくれ、その日の仕事は終了であった。

このビジネスは結構面白く、また別の団地では、自治会長から声がかかり、公団敷地内に多数の廃棄バイクがあり、ぜひかたづけてほしいと依頼された。そこで、自治会の役員会で合法的にそれらを処分する方法を丁寧に説明し、まず自治会名義ですべての廃棄バイクに持ち主を探す張り紙告知をすること。そして、期限内に所有者の申し出がなければ所有権を放棄したとみなし、登録番号付きであれば、警察に届け、盗難品かどうか確認すること。もし、盗難品であれば証拠品として警察が引き取ってくれる。そうして誰からも申し出がなければ、告知期限後は自治会にバイクの処分権が移行するので、私が引き取り処分しますと説明し、自治会は私のアドバイスに従って、合法的に処分することとなった。

約一ヶ月後、自治会から25台ほどの廃棄バイクの処分を任され、3日ほどかけてすべてのバイクを引き上げて、処分費10万円を受け取り、更に一部数台は程度がよく髭の親方に買い取ってもらうことができ、3日間で15万円ほどを懐にして大満足であった。その後、件のペルー人の愉快なひげの親方『ホセ』さんは、どうやら日本人移民の子孫からパスポートを購入して作成した、偽造パスポートで入国していた事実が暴露されそうになり、急遽愛人の『カルメン』を伴って帰国してしまい、尼崎の空き地には数十台の廃棄バイクが放置されたままとなった。

私はといえば、その年の年末、日刊アルバイトニュースで年末から正月期間数日限定の、結構割の良いアルバイトの募集広告を見つけ、早速応募し面接に向かった。すると面接会場は細い路地奥の普通の民家であり、茶髪の数人の若者たちに混じって、30過ぎの親方の面接を受けた。要するにこの親方は、いわゆるテキヤと呼ばれる祭日専門の露天商で、年末から正月にかけて、３００万人もの参拝客が続々押し寄せる住吉神社境内で、数店の夜店を出す際の臨時店員募集であった。

幸いこのアルバイトスタッフに採用され、12月31日午後から勤務が始まり、早速住吉大社境内に繰り出すと、親方から私が担当する夜店を指定されたが、それは大阪名物「たこ焼き」屋さんの店員であった。しかし私は、食べたことはあったが、生まれてからこのかた「たこ焼き」など焼いた経験は一度もなく、親方に「経験がないのですが」と恐る恐る呟いたが、全く無視され何の説明もなく、早速たこ焼き器の前に立たされ営業開始である。

すでに材料のメリケン粉は練り上げられてあり、丸い穴の多数あいたたこ焼き器にメリケン粉を流し込み、蛸を一切れ乗せればよいだけであるが、なかなか簡単ではない。メリケン粉を流し込んでも形良く丸く焼けないのである。少しずつ千枚通しで回転させせながら焼いていくのであるが、破滅的に形が壊れてしまい、どうしようもない状態だったが、次々こづかいを握り締めた子どもたちで行列が出来始め、そんな私の不器用な手元を覗いていたため、益々緊張してしまい丸い良い形には到底焼き上げることはできず、並んでいる子どもたちも不審の目で私を見つめ、「おっちゃん、本当にたこ焼屋さん？」と疑問を投げかけられる始末であった。

しかし、次第に夜も更けてくると、あっという間に参拝客が爆発的に増加し、夜店の前は満員電車のラッシュ時以上の混雑となり、どんなたこ焼でもどんどん売れて行き、早朝1万円の給与を手にしたが、結局一日でお払い箱となった。

大阪港世界帆船祭りで、ロシア帆船パラダ号船上パーティーを企画

そうこうしながら、何とか復活を図ろうとしたが、いかんせん資金も乏しく、人脈もすべて失い、社会的信用も失墜した52歳の男には、なかなかチャンスは巡ってこなかった。

そんなある日、大阪港湾局からの連絡で、大規模な国際帆船祭りが開催されるが、ロシアの帆船が入港しても友好的な交流会などを開催する団体が見当たらないので、何か企画してほしいとの相談があった。

そこで、私は在大阪ロシア総領事館と相談した結果、領事館でよく音楽会を開催している男性を紹介され、共同でロシア帆船上で乗組員学生たちとの交流パーティー開催の企画を立てる

ことになった。

全く初めての企画ではあったが準備は順調に進み、大阪港岸壁に停泊する優雅なロシア帆船パラダ号（ウラジオストクの漁船乗り組み員養成大学練習船）甲板と船内の食堂を会場にした、帆船祭り協賛の船上パーティーを２回開催し、合計１５０人の参加者を集めて、盛大な交流会を行った。

この交流会で私は通訳、司会を務め、多数の人たちと名刺交換を行い、そのことでまた新たな一歩を踏み出す展開があった。

大阪港に入港する帆船パラダ号。

捜査通訳業務開始

この時ロシア帆船上で名刺交換をして知己を得た人の中に、通訳・翻訳斡旋会社社長の女性がいた。その後、そんな彼女から警察の取り調べ時の通訳依頼が舞い込み、大阪市内の警察署に駆け付けた。しばらく待機したのち車両で、あるマンションに連れていかれ、捜査員、税関員、入国管理局係官など数名とともに、ワンルームマンションを急襲し、部屋に待機していたウクライナ女性を伴って署まで帰還。その後取り調べ官とともに、参考人として連れてこられたウクライナ女性の事情聴取を開始した。

事情聴取は午後3時から開始したが、何を聞いてもウクライナ女性は知らぬ存ぜぬの一点張りで、聴取は深夜に及んだ。容疑は会員制管理売春であった。

時計の針がすでに12時を回り、深夜の聴取となったが、なかなか女性は真実を語ろうとはせず、掃除のために部屋にいたと説明するばかりで、全く埒があかない。かなりしつこく、しかし極めて紳士的に応対していた捜査員が、真実を明かさなければ、仕方がない。朝まで聴取を継続し、そのことを日本人のご主人にも通報すると述べた。すると、彼女は顔色を変え、ようやく納得し堰を切ったように事実を述べ始め、私の通訳も忙しくなり、捜査員は彼女の陳述をすべて手書きで調書にまとめ上げ、それが完成すると今度は私が読み上げ、彼女が納得して署名し、一件落着となった。

要するに国際結婚しては見たものの、御主人の給与もわずかでこづかいに困っていたところ、日本人の斡旋業者からの誘いで会員制売春グループに入りこみ、わずかの金銭のため、いわゆる主婦売春にはまっていたのである。彼女の「私だって肌は売りたくなかったのよ」という言葉が印象に残った。

事情聴取が終了したときはすでに午前3時を回っており、その夜私は、警察署内の柔道場で一泊し、疲れ果てて翌朝帰宅した。

私に生きる勇気を与えてくれたこの一冊。吉村昭の著作との出会い

―『漂流』読後感想文でＮＨＫテレビ出演―

日夜日雇い仕事に明け暮れながらも私は、破産整理で人生を台無しにした惨めな人間とのコンプレックスから抜け出せず、新たな人生に踏み出す再起への勇気はなかなか湧いてはこなかった。

そんなある日、ふと古本屋で見かけた一冊の書籍が私の心を大きく揺り動かし、何としてももう一度頑張るのだという勇気を奮い起させてくれた。その時の偽らざる私の心境は、次に記述する読書感想文にすべてあらわされている。

私は小資本を元手に32歳で独立し、52歳までの約20年間まさに順風満帆で旧ソ連諸国とのビジネスに従事し、瞬く間に月商1億５０００万円の業績を上げるまでに成長し、シンガポールに姉妹会社、モスクワにも事務所を開設し、日産の最高級車シーマを乗り回し、意気揚々と旧ソ連諸国、ヨーロッパ、韓国、シンガポールなどを飛び回っていました。

しかし、旧ソ連の崩壊とともに、経済や政治が大混乱の上、売り上げが激減し、しかも主要取引先であったウクライナの国営船舶公団から約５億円の長期支払い遅延を受けてしまいました。そして、とうとう15年前52歳で惨めな倒産をし、会社個人双方とも破産整理し、苦労して建てたお気に入りの自宅を始め、文字通り築き上げてきた全てを一瞬にして

失ってしまいました。

しばらく茫然自失となり、その後数年間いわゆる〝五十面〟を下げてトラック運転手や廃棄バイク集めをはじめ、その日暮らしのしがないアルバイト生活に明け暮れました。そして、本当に毎日惨めで悔しい気持ちで一杯で、自分ほどどん底を経験した人間はいないと思いつめ、意気消沈し暗澹たる気持ちで毎日を過ごしていました。

その頃、偶然古本屋で見つけ、日雇い仕事の合間に少しずつ読み続けて数日かけて読了し、深い感動を覚え、再起への気力を奮い起こされたのが、吉村昭著の『漂流』という小説です。

この物語は江戸時代中期（明治維新の約80年前の天明5年）に土佐を出航し、太平洋沖で破船漂流し、偶然八丈島近辺の無人島・鳥島に漂着し、12年間絶海の孤島で暮らし、その後次々漂着した大坂や薩摩の船乗りたちと力を合わせて流木を集めて自分たちで小型船を建造し、苦労の末についに帰国を果たすまでの実話に基づくユニークな記録文学です。

『漂流』表紙。

主人公・長平は破船したとき24歳の青年で、長期の漂流を経て無人島の「鳥島」になんとかたどり着いたのは、長平を含めて4名のみでした。そして喜んで上陸して見たものの、この島にはまともな草木も育たず、水も湧かず、岩だらけの無人島で、大量のあほう鳥のみが生息する異様な島と気がつき、落胆しました。

彼らはほかになんら食物も無く、飢えに苦しみ仕方なく毎日あほう鳥を叩き殺して生肉を喰らって生き続けようとします。そして、水はあほう鳥の卵の殻に貯めて確保し、羽毛をつなぎ合わせた蓑をまとい、寒さを防ぎます。そういった無残な生活が長年続き、毎日沖を眺めては船影を追い求めますが、何年経っても一艘の船も目にすることも出来ず、帰国の道も次第に閉ざされ、生きる気力を全く失い3人の仲間は次々病死していきます。

そして、その数年後、偶然大坂や薩摩からの難破船の漂流者が次々合流し、生き残った14名が力を合わせて何年も島中を歩き回り、磯で流木を集め、釘を作り出し、ついに自前で小型船を建造することに成功したのです。衣類をつなぎ合わせた帆を張り『伊勢丸』と命名された手作りの船は、隣の、人の住む青ケ島にたどり着き、ついで八丈島まで自力で航海し、ついに帰国を果たすのです。

この小説を読み終えたとき、私は自分の境遇についてあれこれ悲嘆していたことをとても恥じ入りました。こういった絶海の孤島で、電気も水もなく、夜は真っ暗闇の洞窟であほうどりの生肉や、わずかな魚介類のみを毎日毎日喰らい、羽毛の蓑にくるまって寝ながら、決して生きる希望を失わず、仲間同士が励ましあい、力を合わせて自力で帰国を果たした姿に大きな感動を覚えました。そして、私のような零細企業の浮沈に嘆き悲しむのではなく、長平さんの生き抜く気力に学んで、人生の再起を図りたいと強く思ったのです。

私は鳥島のような絶海の孤島での孤独な生活をしているのでもなく、傍らには妻も子供もおり、電気、水道、ガス完備の家屋に住み、時々ビールも飲める生活ができているのですから。

正に長平たちのように「太陽と水と空気があれば生きてゆける」の信条を肝に銘じ、再起を目指して生き抜くことを決心しました。

今回15年ぶりにこの小説を再読し、長平さんが無事土佐に帰国し、妻帯して文政4年に60歳で没し、郷里に〝野村長平〟(帰国後城主に漂流談を物語り姓を賜った)と刻まれた墓碑が太平洋を望む丘に立っているというくだりを読み、15年前私の心を奮い立たせ、再起の力を与えてくれた大恩人の墓参りをぜひ一度したいと思っています。

(平成22年11月5日)

この読書感想文が縁となって、しばらくしてNHKの番組に出演することとなり、事務所や周辺で3回にわたって撮影やインタビューが繰り返されたのち、番組が放映され、大阪市内の書店から『漂流』が売り切れになったとのことである。

そして、吉村昭の著作『漂流』に感動した私には、次第に再度生きる勇気が湧き始め、再起を期して積極的に自分が曲がりなりにもモノにしていた、ロシア語会話能力を生かした有利なアルバイトを探し始め、平行して再度ロシアとの貿易開始を模索し始めた。

倉敷の高校時代の親友、蜂谷君にそのことを打ち明けると、他の同級生3人からも急遽資金を集めてくれ、３００万円の開業資金を融通してくれた。また、大手企業海外駐在員としてヨーロッパで長年活躍していた別の高校の同級生、平瀬卓君も50万円の資金を提供してくれるなどで、高校時代の友人たちは温かい支援を惜しまず、再度『捨てる神あれば拾う神あり』を実感した。

そして、日露ビジネスセンターと商号を決め、ロシア語通訳・翻訳・ビジネスコンサルテーションを主要業務として本格的活動を始め、大阪市福島区にある木造モルタル造りのビル２階に小事務所を構えて友人、知人諸氏と事務所開きをともに祝い、チャンスを伺った。

しかしそうは言っても、ソ連は崩壊後すべての社会的システムも変化し、ビジネスを再開しようとしても、全くどうしてよいかわからなかった。

そこで、それまで従事していたアルバイトも、単価の安い誰でもできる単純労働ではなく、私の特技であるロシア語会話力を生かした効率の良い通訳の

通訳・翻訳業務開始の事務所開き。（後列中央が著者）

仕事を積極的にリサーチしはじめ、各地県警察本部に設置された通訳センターや、漁業取締船の乗船ロシア語通訳が必要な水産庁などに次々経歴書を送付し、次第に司法関連通訳の業務依頼の声がかかり始めた。

その頃、ペレストロイカ、ソ連崩壊が急進展し、ロシアも開放された自由な国柄に生まれ変わり、ビジネスマンが大挙日本に押し寄せ、大量の日本製中古自動車がロシアに輸出され始めていた。また、富山県高岡市の伏木港には、極東船舶公団所属の大型フェリー客船ルーシー号(大阪港でプリアムーリエ号炎上の際被災者を迎えに来航した客船、旧船名コンスタンチン・チェルネンコ号)が毎週定期的に入港し、高岡から富山までの国道線沿いには、100社をはるかに超すロシア人相手の中古自動車販売店が乱立し、そのピーク時には、日本から海外への中古自動車車両の総輸出数、年間120万台の半分以上がロシア、カザフスタン、キルギスタン向けに船積されていたのである。

しかし、当時来日した中には善良なロシア人も多かったが、彼らに混じってかなりの数の窃盗団や覚せい剤、麻薬運搬人、売春関係者、不法就労スレスレのホステスたちが雪崩を打って日本に流れ込んでいた。そして、日本各地でロシア人による様々な犯罪が多発しており、事件発生にともない取り調べ時のロシア語通訳が極端に不足していたのだった。

水産庁漁業取締船の乗船ロシア語通訳官勤務開始

まず、最初に依頼が来たのは水産庁である。担当者からの電話では4月から約3ヶ月間北洋で運航する水産庁漁業取締船（密漁監視船）に乗船し、航海中ロシア側との交信に当たるという仕事である。一日乗船すれば約2万7０００円ほどの日当が支給される、40日乗船すれば、１００万円以上が手元に残る比較的効率の良い仕事であり、即座に了解をし、勇躍乗船地の釧路に向かった。

到着した釧路港には真っ白い船体のスマートな、水産庁直属の３５００トンの漁業取締船が停泊しており、早速船長室隣の通訳官の個室に案内され、それから40日の北太平洋での航海が始まった。

出航後しばらくすると船体は大きくうねり、早速船酔いが始まり、個室に閉じこもってベッドにしがみついて過ごした。この取締船の乗組員35名は全て水産庁職員であり、比較的装備が整っていて、トイレもウオッシュレットが設置され、香水までが取り付けられた快適な船であった。そしてこの船の中には、看護婦や、三等航海士、機関部員にも女性が乗り組んでおり、食事も結構おいしく豪華で、楽しい船出となった。

この船の任務は、ロシア漁業海域で特別許可を得て4月から7月まで臨時操業する、約１００隻のサケマス漁労に従事する日本漁船が公海上に出て、違法操業、つまり密漁に従事す

水産庁漁業取締船乗船通訳で航海中。

ることを取り締まるために、周辺海域を航海して監視することであった。

全部の航海日程は40日間で、最初20日間連続で釧路から北上し、アリューシャン列島近辺までゆっくりと蛇行しながら航行し、時々エンジンを停止してレーダーで回りを見渡し、不審船を監視するのが任務であった。

最初はとても緊張していたが、とにかく何事もなく航海が続き、時々海が荒れて、ベッドにしがみつき、食事もとてもとれず、船酔いにも苦しんだが、しばらくすると次第に船酔いにも慣れ、朝風呂を浴び、看護婦さんのいる医務室で談笑したり、操舵室で航海士たちと他愛もない馬鹿話に興じながら、ゆっくりと時間が過ぎていった。

とにかく太平洋は広い。何日航海しても、景色は全く変わらず、黒くうねる海と、群れを成して海鳥が飛ぶ姿を見るばかりで、日本からのニュースも何も届かず、時間の感覚が次第に麻痺してくる。

ようやく長い第一回目の20日間の航海が終わり、懐かしい釧路港に帰還し、2泊3日の休暇である。私は良い機会だと思い、航海中20日間アルコールを断っていたが、船が岸壁に接岸すると急激にアルコールが恋しくなり、耐え切れず転がるようにタラップを駆け下りると、そのまま付近の酒屋に駆け付け、缶ビールを一気に飲み干した。

かつて若き日の石川啄木が、50日間釧路新聞嘱託記者として滞在したこの釧路は、情緒豊かな素敵な街である。幣舞橋《ぬさまいばし》を越えると、カモメが舞い降りる道路沿いに飲食店が多数ある栄町であり、私好みの赤ちょうちんが多数待ち受けている。幣舞橋の謂われはと聞くと、その橋の向こうは漁民の街で、以前は漁船が帰還すると、釧路川にかかったその橋を渡って漁民が大挙飲み屋街の栄町に押し寄せ、紙幣が舞ったそうで、それが橋の名称になったのだそうだ。

その後、船酔いに苦しみながらもう一度第2回目20日間の航海に船出した。あと数日で再度懐かしの釧路に寄港できると心が弾んでいたが、突然船内が慌ただしくなり、乗務員たちが走り出した。どうも霧のかなたの公海上に、不審な2隻の日本漁船が滞船していて、どうも様子がおかしいというので、急遽ゴムボートで取締官が急行し、船長、漁労長を伴って帰船し、取り調べが開始された。結局その船は、禁止を破って公海上でサケマスの漁労に従事していたことを認め、北海道庁所属の別の取締り船が来航し、2隻の密漁船を拘引して厚岸に向かった。この漁船所有会社は巨額の罰金を科せられ、1年間出漁禁止処分となるとのことであった。

さて、第2回目の釧路入港が迫った時に船長室に呼ばれ、釧路上陸中、街中で水産庁漁業取締船の通訳官の身分を明かさないようにした方がよいとの忠告を受けた。北海道の漁民の中に

乗船していた水産庁漁業取締船。

は密漁でぼろ儲けをしている漁民がおり、漁業取締船を目の敵にしている輩も多いのだそうで、時々暴力を振るわれる事もあるとのことであった。

事実、釧路の繁華街の居酒屋で一献傾けていると、「明日からまた出航で、船揺れの毎日です」と一言口にすると、隣に居た男から、「あんた、白い船かい？」と質問され、「そういえば白い船です」と答えると、怖い目で睨みつけられたものである。

こうして一年目の北洋航海の仕事を無事終了し、翌年より再度4月〜7月の期間、次々と様々な監視船を乗り継いで、5年間に渡って乗船通訳官を務めた。一度、北方領土周辺海域で日本の漁船が密漁に携わり、ロシアの沿岸警備隊に発見されて銃撃の末拿捕され、色丹島に連行されて長期間取り調べを受けるという事件が発生した。その時、その漁船は数ヶ月拘留されたため食料が不足し、所属する水産会社が食料を届けようとしたが、北方領土に関しては日露の領土争いの紛争地であり、ロシア側は自国領土海域として、もし日本船が色丹島に食料を届ければ、当然入管、税関手続きを要求する。だが日本政府としては、色丹島はあくまで日本領土であり、外務省が絶対にそういった手続きを踏むことを容認しない立場であり、水産会社にストップをかけた。

そこで困り果てた水産会社の要請で、日本政府はロシア政府と話し合い、人道的見地から、食料の送致に関しては政府所属の水産庁の船舶で届ける場合は超法規的例外案件として、入管、税関手続きを免除することとなり、結局私が乗船する監視船が、拿捕された日本漁船に食料を緊急に届けることとなり、急遽北方領土海域に舳先を向けたのである。

北海道と北方領土は本当に目の先であり、とりわけ歯舞諸島は、根室から数キロのところにあり、無人島の先に常時ロシアの警備艇2、3隻が停泊して機関砲をこちらに向けていて、あまり気持ちのよいものではない。

数時間の航海の後、取締船は色丹島に次第に接近し、

ロシア拿捕の漁船への食糧引き渡し作業。

私はロシアの沿岸国境警備隊無線基地と交信を繰り返しながら、黒い島影に静かに近づき、指定された色丹島沖の指定場所に錨を投じた。

遠望される色丹島の岸壁にはすでに2ヶ月以上拘留されて、取り調べを受けている日本の密漁船が寂しげに停泊しているのが見えた。しかし、待てど暮らせど、一向に食料引き取りのためのロシア側の船舶は姿を現さず、数時間が経過し、私は再度無線で連絡を取った。すると、間もなく警備艇が行きますとの早口の応答である。

それから約束の時間からかなり遅れて、遥か前方から全速力で白波を蹴立てながら、機関砲を数門構えた灰色のロシアの小型警備艇が接近してきたが、よく目を凝らして見るとかなりの老朽船で、船体の外板もあちこち窪んでいる。

ようやく漁業取締船に接舷し、ロープで船体を繋ぎ合い、厳めしい軍服姿の係官が日本船の甲板に移乗し、船室で簡単な協議の後、今回は例外的に超法規的人道的処置として一切の外交的手続きを経ず、拿捕された日本漁船への食糧伝達を行うことで了解し、握手を交わしあった。

そして、約1時間ほどかけて、水産庁側から漁船乗員20名ほどの食糧がロシア警備艇に手渡され、再び警備艇は白波をたてて、色丹島岸壁に向かって去っていった。

早速業務を終えた漁業取締船は錨を巻き上げ、再び通常業務に戻るため、色丹島沖を離れ一路釧路沖に向かって航海を続け、どうなることかとの不安や心配のため、顔を強張らせていた船員たちもにわかに緊張が解け、柔和な顔つきに戻った。

経済混乱でロシア人窃盗団が日本で荒稼ぎ　―捜査通訳で全国駆け回る―

その後、５年間ほど継続した水産庁漁業取締船の乗船通訳官の仕事と並行して、現在までの約15年間にわたり、大阪、新潟、富山、石川、島根、岐阜、京都、奈良、兵庫、長崎、福岡などの各地県警や検察庁、裁判所などの司法通訳業務を多数依頼され、様々な事件の通訳を務め、松江地方検察庁からは思いがけず感謝状までいただき、ベテラン司法関連通訳として数々の事件を解決に導き、僅かながら日本社会の治安維持に協力してきた。そういった各地での司法、捜査関連通訳の仕事でも様々なことがあり、大きな人生経験ともなった。

ロシアの経済破綻で車両窃盗犯に勧誘

ある北陸地方の町で、継続的な車両窃盗容疑で現行犯逮捕された青年の通訳をした時のことである。彼は最初の10日間の拘留期間では、とにかくいくら捜査官が色々な証拠を示して窃盗容疑を認めるよう迫っても、一切の事実を認めず、知らぬ存ぜぬの一点張りであった。

取調官が証拠は全てそろっており、例え否認し続けても起訴は確実で、その場合、このまま否認を続けていれば裁判官の心証も悪く、お前は結局何年かの実刑判決を食らい、長らく日本の刑務所暮らしをすることになる。そうなれば妻や子供たちにも会えなくなり、不幸せな人生が待っていると懇切丁寧に説明を加え続けた。

しかし、いくら取調官が誠意を込めて長時間説得しても、この青年は頑として犯行を認めず、取調官も途方に暮れ、「しばらく（留置場に）漬けておこう」と宣言し、数日間取り調べを停止し、様子を見ることとなった。

とにかくロシア人の常習的犯罪者は、日本の警察の取り調べの実情をよく知っており、10日間、または拘留期限の上限20日間をとにかく黙秘したり否認し通せば、検察官は次第に自信を失っていき、不起訴または起訴猶予となるケースが多く、その場合決して裁判にはならず、あわよくば無罪放免か、唯単に本国に強制送還されるだけで済む場合が多いという情報が知れ渡っていたのだ。

そこでこの容疑者も、とにかく頑として口を割らず、唯々時間を稼ごうと歯を食いしばって限界のある拘留期間を留置場で乗り切り、強制送還をひたすら待つことにしたのだろう。

しかし、10日を過ぎ、検察官が追加にもう10日間拘留期限を延長決定した頃から、疲労が増したのか、この青年は少しずつ態度が軟化し始め、捜査官の心を込めた説得が効を奏したのか、または、数日の『留置場漬け』が有効だったのか、沈み込む日が続いた。

それまで、日本の刑務所は天国だ、今までロシアで忙しくしていたので刑務所でしばらく休養するのだ、刑務所暮らしは望むところだ、などとほざき続けてきたこの人物は、それからしばらくして、突然真剣な顔つきで「真実を述べます」と宣言し、自分の犯した様々な犯罪事実を詳細に自供し、神妙な態度に終始するようになった。そして、なぜこういった車両窃盗団の一味に転落したのかといった身の上話をしゃべり続けた。

彼は30歳過ぎの普通の青年であったが、１９８5年ゴルバチョフがソ連共産党書記長に就任し、ペレストロイカが急激に進展したが、経済は大きく混乱し、ついに１９９1年12月にソ連が崩壊し、旧ソ連は再びロシアとなった。社会主義制度は完全に否定され、以前認められなかった個人的ビジネスにも自由に従事できる社会に変化し、猫も杓子もロシア人は個人的ビジネスに従事しはじめた。そして、ウラジオストクから車で4時間のお隣の中国に通い、様々な中国製の雑貨や繊維製品、軽工業品を買付けて担ぎ屋的に持ち込んで販売しはじめ、それぞれに大きな儲けを得ることができた。

ある人物は中国から段ボール箱2、3個をロシアに持ち帰り、それらをまたたく間に販売し、新車の乗用車が買えたほどであったという。そして、こういったブームに乗ってこの青年も資金が次第に溜まり、外国製たばこの輸入販売に手を染め、結構利益のある商売に成長させていったと言う。

そこで、更に規模を拡大するため、銀行ではなく個人的な闇金融屋から数万ドルの融資を受けて煙草の買い付け量を増やし、ビジネスは益々好調に推移していた。ところが、１９９５年から１９９８年にかけてロシアは突然の経済危機、通貨危機に見舞われ、あっと言う間にルーブルは20分の１に下落し、インフレ率も最高４００倍にまで突き進んだ。

この青年が扱う輸入煙草はドルで買付けて、国内ではルーブルで販売していたため、一気に資金が20分の1に減少し、当然闇金融から借り入れた数万ドルの融資は20倍に膨れ上がり、とても返済は不可能となり、どうすることもできない状況に陥った。すると闇金融屋が連日押しかけ、家屋敷もすべて取り上げられ、挙句の果ては娘や奥さんを連れ去るぞと言う脅迫までするようになった。

そして困り果てた青年が、何とか返済を猶予してもらうよう頼み込むと、彼らはそれではと、自動車窃盗団に参加し、日本で車両を盗み、ロシアに持ち込む仕事を提案してきた。その回答を拒むと、彼の右足向う脛に銃弾が撃ち込まれ、窃盗団への参加を強要され、仕方なく提案に合意して日本にもぐりこんだと言うのである。

確かに逮捕拘留時に全身の傷や病気を点検したが、警察医は彼の銃弾による傷を、おできだと判断してそう記録されていたが、その丸い不気味な痣は、まさにロシアの悲劇を象徴する銃弾を撃ち込まれた傷跡であった。この彼は一度過去に車両窃盗犯として強制退去させられていたが、今回は偽造パスポートでうまく入国し、名前も全くの偽名であった。

彼は再犯者であったため、今回は刑務所行きの実刑となったが、ロシアはソ連崩壊による社会的破綻の余波による混乱からはまだまだ抜け出してはいなかった。そして、この青年は長らく取り調べに抵抗し、傲慢な態度で否認を繰り返していたころとは違い、すべて真実を自供したあとは、毒を吐き出したからなのか、すっきりとした真人間の顔をとり戻し、まるで別人のような素直な好青年に戻っていた。

資格外活動で逮捕、強制送還　―ハバロフスクの出稼ぎ娘たち―

中部地方のとある街では、滞在資格外活動容疑でロシア娘数人が逮捕され、私に通訳依頼が舞い込んできた。おっとり刀で留置されている警察署に到着してみると、取調室に手錠・腰縄付きで連行されたロシア娘はまだ20歳過ぎの可憐な女性であり、おどおどした姿を見て本当に哀れな気持ちが湧いてきた。

型通りの身上調査的質問にもキチンと答え、捜査官の取り調べにも従順に対応し、すべての調書が順調に作成され、読み聞かせの後、素直に署名捺印もしていたが、それから10日間のお付き合いが始まった。

彼女はダンサー（アーテイスト）として興業ビザを取得して入国したが、勤務するナイトクラブでは1、2曲ダンスを披露するだけで、ほとんどの時間、酔客の隣に侍ってホステスとして勤務していたのである。つまり、歌手やダンサーとして興業に従事するだけであれば、なんら違法性はないが、ひとたび酔客の横に座ってお酌してお相手をした途端、それはホステス稼業と見なされ、滞在資格外活動という立派な犯罪になってしまうのである。

こういった場合、そのような不法就労につかせた雇用者も、同時に逮捕拘留され結構の重罪として処罰される。警察や入国管理事務所では常時情報を様々な形で収集しており、耳寄りな話があれば、極秘捜査を開始し、顧客に紛れて店に入り込み詳細な情報収集を行い、動かぬ証拠を固めてから、一斉に踏み込み、経営者ともども一網打尽に拘留して取り調べを行う。

今回の場合も同様であり、すでに日本人経営者やレジ担当の女性社員まで鉄格子の中である。このロシア人女性は、こういったことがある可能性はどうやら承知で来日しているらしく、その後、10日間の取り調べの後入国管理事務所に移送され、簡単な事情聴取を受けた後、ロシアに強制送還となって一件落着である。ただし、冷たい弁当ではあるが拘束中の食費などは無料で、帰国の費用は自分持ちになる。

とにかく取り調べは微に入り、細に入りで、極めて細かい事実を一つ一つ確認しながら進んでいく。例えば、何月何日の勤務状況と尋問し始めると、何時頃出勤し、最初の客が入店した際どういった対応をし、顧客は何を注文し、ロシア娘は何を食べたり飲んだりしたのかといった風に問いただし、それらを押収したレジの伝票と突き合わせて確認して行くのである。この丁寧さ、しつこさには通訳をしながらも、毎日これを繰り返す取り調べ官様のご苦労に、ほとほと感心させられたものである。

身上調書作成の際や、その他の雑談時にこの可憐なロシア娘が語ったのは、やはり、ソ連崩壊後の社会状況を反映した厳しいものであった。

彼女はハバロフスクから数百キロの田舎町で育ち、高校卒業と同時に食料品販売店で働きはじめたが、月給はせいぜい50ドル＝おおよそ５０００円程度であり、母親は心臓病で治療費がかさみ、更に妹が進学することとなり、その費用も大きな負担であり、苦しい生活状況が続いていたという。そして、ある日テレビのコマーシャルで「日本でダンスを踊り、月給５００ドル＝5万円！」という広告宣伝を目にし、夜行列車でハバロフスクまで出てきて面接後即採用となり、喜び勇んで日本に来たのだという。もし、うまくいって日本に6ヶ月滞在できれば、数十万円の貯金もたまり、酔客たちからのお土産も多数もらえ、ロシアに凱旋できるはずであった。しかし、その夢もついえ去り、今では冷たい鉄格子の中の日々を過ごすことになってしまったというわけである。

この娘さんはとにかく素直に取り調べに応じ、やがて10日の拘留期限が来ると、入管に身柄を移され、無事帰国したことであろうが、生々しいロシア社会の現状を実感し、ロシアが早くこういった混乱から抜け出し、安定した社会を取り戻すよう祈る気持ちであった。

阿片、大麻10キロの運び屋航海士事件 ―新妻と子供を残して12年の実刑―

この頃私はすでに55歳を超えており、単純労働的アルバイトからは遠ざかり、もっぱら通訳、翻訳業務に励んでおり、阪神野田駅近くの大阪市福島区吉野1丁目の住宅街に小事務所を開設し、再起への道を探っていた。

そうこうするうちに日本海側の各地方の県警本部から、連続して長期の捜査通訳の仕事が舞い込み、時には3～4ヶ月も現地に滞在して通訳業務につく様になっていき、経済的にも次第に余裕が持てるようになっていった。

それらの通訳業務の中でも強い印象に残っているのは、ロシアからの木材運搬船一等航海士による、大麻、阿片合計10キロの密輸事件である。その時もいつものように突然の電話で日本海沿岸都市に呼び出され、数時間をかけて指定された警察署に駆けつけると、取り調べに当たる捜査官の顔が心なしか緊張している。

私は、今回はコソドロ程度の小案件ではなく、かなりの大事件ではないかと直感した。案の定この事件は、ナホトカから丸太の北洋材３０００トンを積載して、2～3日前入港したばかりの木材運搬船一等航海士を、大量の麻薬密輸容疑で緊急逮捕しているという事件で、警察署もピリピリとしており、まさに騒然とした雰囲気であった。到着時、早速課長に挨拶すると、今回は日本全国で1年間に挙げられる麻薬の合計と同等量を一度に運んで密輸しようとした大事件であり、ぜひとも経験を積んだ私に、容疑者取り調べの通訳を依頼したいとのことだった。

午後から大柄な容疑者の一等航海士を留置場から引き出し、机ひとつの小部屋の取調室に座らせ、手錠を外し、腰紐を椅子に縛り付けてから尋問が始まった。まず、容疑事実を告げ、容疑者には人間として黙秘権があることを説明し、いつものように身上についての質問とやり取りを始めた。

30歳代後半の年齢の素朴そうなこのロシア人は、元は魚類冷凍運搬船の乗員として航海を始め、オホーツク海やカムチャッカ沖を年中航海し、ウラジオストクやナホトカに冷凍魚類を運搬していた。航海日数も結構長く、数ヶ月間自宅に帰れぬ航海もあり、次第に最初結婚した相手とも疎遠となり、結局離婚する羽目になってしまったという。また、以前冷凍運搬船で航海中深刻なエンジントラブルが発生し、数日間漂流して、相当危険な体験もしたことがあるという。その時SOSを発信し緊急救助を求めたが、ソ連社会の経済大混乱のため、燃料不足で救助船が駆けつけてくれず、荒れ狂う北洋の波にもまれ、やっと九死に一生を得たとの経験を呟くように語った。

しかし彼は、そういった雑談には素直に応じたが、麻薬運搬密輸に関しては頑としてまともに答えようとはせず、知らない人から荷物を預かっただけで、何も事情を知らないと首を横に振るばかりであった。翌日も、その次の日も相変わらず終日禅問答のような会話が続き、取調官も渋い顔で相手を睨みつけるばかりで、捜査は一向に進展しない退屈な数日が過ぎた。しかし、この身の上話を丁寧に聞くことはとても大切で、慣れない日本で突然自由を奪われ、しかも鉄格子の中で冷めた弁当を口にして暮らす数日はつらいものである。

そして、逮捕後4日目であったがこの航海士は、最近再婚した、若い20歳代前半の新妻の話を切り出し、しかも、妊娠数ケ月の身重だといって、遠い空を窓からふと見上げた。捜査官も仕事をまるで忘れたかのように、その話に相槌を打ちながら、彼の話に熱心に聞き入っていた。そして、捜査官が何気なく今回「麻薬を運んで一体いくら手数料がもらえる約束だったか」とさりげなく聞くと、航海士はぼそりと「3000ドル」と答え俯いた。

その言葉を突破口にして彼は一気に自供を始め、今回の犯罪に手を染めた経緯を詳しく語り始めた。とにかく木材運搬船といっても建造後30年以上経過した赤錆た老朽船であり、丸太木材を甲板に高く満載すると、天候が悪化すれば重心が高いため、極めて危険な航海となるとのことである。そしてちょうどその頃、台風の荒波を受けて3隻ほど連続してロシアの老朽丸太木材運搬船が転覆し、多数の乗員が水死した事件が発生していた。

そこで彼は、新妻と再婚したばかりでもあり、ひと稼ぎして一日も早く陸に上がりもっと安全な仕事につきたいと思っていたのだそうだ。しかし、老朽船での危険な航海にもかかわらず、給与は極めて低く、毎月1000ドルほどの月給で働いており、なかなか陸に上がる機会をつかめないでいた。

そういったさなかに、ある男から日本までの阿片と大麻の運搬と密輸幇助の仕事を持ち掛けられ、3000ドルで請け負ってしまったのだそうだ。その報酬を受け取ってからすぐに陸上の仕事に就き、新妻と幸せな家庭を築くという将来を夢見ていた。しかし、その麻薬運搬人の仕事はロシアの麻薬取り締まり当局の捜査の網にかかり、日本のしかるべき捜査機関に事前通報があり、この木材運搬船の入港を極秘に50人もの警察、麻薬取締などの捜査関係者が待ちうけていたのだそうだ。そして、入港直後にはすぐにはマークした航海士を逮捕せず、麻薬受け取り人が現れるのを待ち受け一網打尽にする予定であった。

毎日彼は自転車で回りを徘徊するばかりで、結局捜査網の動きに感づいた受け取り人が姿を現さず、大きなジャンパーの10個のポケットに麻薬を隠して運び、携帯電話で指示された人影のない草むらに阿片と大麻を隠したところで逮捕されたのだ。証拠品として保管された蒲鉾板状の嫌なにおいのする亜麻色の阿片、大麻を机一杯に並べて、彼にこの10キロをロシアから運んだことを認めますかと尋問すると、観念した航海士は深く首を垂れて、反省の意を示した。

とにかくこういった老朽木材運搬船乗組員たちは、とてもまともな給与は受けとっておらず、日本寄港地で中古家電製品、中古タイヤ、中古自動車などを買いあさり、甲板に積載したり、一部はバラストタンクの水の中にビニール袋で包んで隠匿してロシアに運び、沖合で停泊中に小型ボートで接近してくる闇の密輸業者に、商品を引き渡して取引きし、何とか糊口をしのいでいるという事である。

当然それらの中には、日本で窃盗した品々も含まれているということで、木材運搬船とは名ばかりの、要するに日露を往来する泥棒たちを積んだ船なのである。

さて、件の航海士は、肝心の点になると話をはぐらかし続けたが、基本的には麻薬運び人であったことは認め、二度と繰り返しませんと反省の色を見せたが、日本の刑務所で2~3年暮らし、その後に新妻と誕生する予定の子供を早く抱きたいと軽く考えていた。しかし、事態はそれほど甘くはなく、結局彼は12年の実刑となり、その後の家族との再会は長期間かなわぬこととなってしまい、悲しい結末を迎えた。

在ウズベキスタンロシア人女性の偽装結婚摘発事件

久しぶりにモスクワに出張中のことであるが、大阪事務所からの連絡で、中国地方の日本海側のある県警から緊急に連絡が欲しいとの情報が伝えられた。そこで、国際電話で県警通訳センターに電話を掛けると、現在拘留中のロシア人女性がとても頑固で、警察官の通訳ではとても手に負えないので、ぜひぜひご出馬をお願いしたいとのことであった。

翌日帰国すると、数時間かけてその警察署に到着し、早速ご対面となった。この女性は元ウズベキスタン在住の30歳代前半のロシア人女性で、何回か日本のナイトクラブの踊り子として働いた経験があるという。そして、とても日本の生活が気に入り、フィリピン人の知人の紹介で、初老の日本人との結婚を勧められ、いずれ娘も呼んで日本で過ごしたいと決心し、その日本人男性と国際結婚したというのである。

担当の取調官の話では、この女性は極めて頑固者で、取り調べには素直に応じるものの、調書を読み聞かせても一切署名には応じず、とにかく取り調べが進まず困り果てているというのである。しかし、その日は難なく取り調べが進み、調書を作成し、私が慎重に内容を読み聞かせて署名を求めると、意外にも今回は素直に署名に応じ、それからはすらすら進み、刑事さんも不思議な顔付きである。

そこで、取り調べの刑事さんが、なぜ今まで頑固に署名を拒否していたのかと聞くと、彼女はあっさり「前の通訳さんのロシア語は間違いだらけで、私の運命を左右する調書にはとても署名できないでいた」というではないか。つまり、最初逮捕時についた通訳は警察庁内部で養成された県警付きの警察官で、普段は交番勤務の普通の警察業務についており、多分ロシア語会話がよく聞き取れておらず、調書も間違いだらけであったと思われ、彼女はとても信頼がおけず、やむなく調書への署名を拒否していたのである。

そして彼女は、「今度の通訳さん（つまり私）のロシア語はとても良くわかり、十分信頼できるので署名に応じています」と言ってくれ、面目がたったものである。

彼女の書類上の日本人の夫は、60歳過ぎのしょぼくれた老人で、無職であばら家に住んでおり、彼女とは寝室は別ではあったが、数ヶ月の期間家族同然の生活をしており、戸籍上は立派な夫婦であった。しかし、何が気に入らないのか、その夫は次第に酒におぼれて、金銭的にもだらしなく、挙句の果てに彼女に暴力を振るい始め、とうとうたまりきれず彼女は逃げ出し、外国人女性救済のボランティア組織の駆け込み寺に逃げ込んだ。すると、その夫は、何を血迷ったのか自ら入国管理事務所に出頭し、「我々は偽装結婚です」と告発し、本人も御縄を頂戴してしまった。

取調官は、次々二人の日常生活ぶりを微に入り、細にわたり質問攻めにしていたが、「ところで、君たちはしばらく同居していたが、男女の性的関係はあったのですか」と不躾ではあるが直接的質問を繰り出した。すると、彼女は突然「女性に対して失礼極まりない質問だわ！」と怒りを露わにし「あの男は大事なところがもう立たないのよ！　分かった！」と一言叫んでこの尋問は打ち切られた。

結局かなり怪しげな夫婦関係ではあったが、ウズベキスタンまで男が出かけて結婚式まで挙げており、金銭的やりとりもなく、この事件は起訴猶予となり、彼女は無事釈放され、日本での夢はかなわなかったが一人娘の待つウズベキスタンに帰国し、一件落着となった。多忙な刑事さんもご苦労さんである。

クレーン付きトラック専門窃盗団4名摘発、懲役4年の実刑下る

普通ロシア人などめったに見かけることのない関西地方のN県で、4名のロシア人窃盗団が逮捕され、検察官の取り調べ時の通訳を依頼され、飛び飛びで半年ほど通訳業務に就いたことがある。

彼らはいわばプロのトラック専門窃盗団の一味であり、数年前からユニックなどの小型クレーン付きトラック専門に北陸、関西、中国地方一円で盗み回っていたという。その手口は極めて巧妙で、まず乗用車で深夜走りまわり、めぼしいトラックが見つかると、周遊して逃走経路を確認したり、鍵の有無、周りの様子などを注意深く偵察し、的を絞ると乗用車に数台積載してあるカーナビにトラック駐車位置の東経、西経を登録し、手帳に周りの状況、トラックの特徴などをメモしていったん立ち去る。そして数日ののち、夜陰にまぎれて、再度トラックに接近し、鍵がなければ、シリンダーごと外して持ち去り、別の場所で約1時間ほどヤスリを使用して生の材料鍵から複製するのである。そして無事鍵を複製すると、用心深くトラックに接近し、見張りを立てて警察の追及を遅らせるため、すでに他の車から盗み出して準備してある別のナンバープレートに付け替えて、運転係がトラックに乗り込み、あっという間に乗り逃げする仕組みとなっている。

乗り逃げ後はアジト周辺の山裾の草むらに1～2日放置して様子をみてから、今度は遠方の

長野県などの、パキスタン人経営の車両解体工場の中に借りている解体作業場に持ち込み、密かに自分たちの手で解体し、別々のコンテナに他の部品とともに混入させて、うまく通関してロシアに船積みしていたというのだ。

取り調べにあたった検事は、念入りに彼らに関する警察作成の調書をたどって尋問を続け、彼らが3ヶ月毎に交代しながら何年にもわたって継続的にトラック窃盗に関わる、プロの泥棒集団であることを指摘し、彼らも滞在する3ヶ月間毎に18台を超すトラックを乗り逃げして何年間もロシアに部品として出荷し、巨額の利益を挙げていたことを自供した。

とにかく彼らにとっては日本はいわば「宝の山」であり、あらゆるところにビジネスチャンスが転がっているというわけである。

以前、ナホトカのホテルから外を見ると、近くに広い駐車場があり、その車輌の間にはワイヤーロープが張られ、それに繋がれた獰猛な2匹のシェパード犬が、牙を剥いて周りを駆け回っていた。更に望楼のような塔があり、その上にはライフルを構えた監視員が終日目を光らせている。これがロシアの普通の駐車場である。

それに引き換え、日本では駐車場は勿論、ありとあらゆる空き地に何のガードもなく車両が駐車しており、工事用車両のトラックなどは鍵を付けたままのものも珍しくはない。

結局このトラック窃盗犯4名は、一応反省の言葉を口にし刑の軽減を懇願していたが、肝心のところになると、「ロシアのボスの指示で泥棒稼業に従事していて何も知りません」の一点張りであり、判決は情状酌量の余地もない懲役4年、5年と厳しいものになった。

水上バイク、トラック窃盗事件の若者たち ―チェチェン紛争で精神に障害―

ある時には西日本のS県の山間部の盆地にある、人口4000人の町の警察署に留置されていた、窃盗容疑の20歳のロシア人青年の取り調べ通訳にも従事した。この時は4人のロシア人が一度に逮捕され、別々にそれぞれの警察署に留置されて取り調べを受けており、私は2人の助手の通訳者も同行して3ヶ月を超す長丁場の滞在となった。

取り調べが進むと、彼らは北陸地方のT県を拠点にして中国地方から九州まで車で遠征し、盗品運搬用として2トントラックを岡山市内の葬儀会館からまず乗り逃げして、瀬戸内のリゾート地のある島に渡って水上バイク3台を盗み出し、T県まで輸送してロシアに船積し一儲けを狙っていた。その途中、日本海側を迂回して国道走行中立ち寄った道の駅で、トラックの荷台に乗っていた2名が下車する姿を市民に目撃され、どうも怪しいと警察に通報が入り、一般道路に出たところで検問の網にかかったとのことだった。

まず、荷台に人が乗車しているという交通違反行為で拘留され、積み荷をあらためられた。すると車両も荷台の水上バイクも両方盗難品という事が判明し、4名一度に御用となった。

私が担当したのは20歳の背の高い弱々しいナホトカ出身の青年で、10代のころ一度不良グループに誘われ麻薬中毒にかかり、キルギスタンの湖畔にある麻薬患者専門の保養所で療養して、ようやく麻薬中毒から回復したとのことであった。とにかく人口20万人のナホトカでは、ろくな仕事もなく、日本に渡ってロシアで販売できる商品を仕入れて、週一回定期的に高岡市の伏木港に入港する客船ルーシー号に持ち込めば、結構な商売になっていたので、とにかくロシア人在住者の多いT県まで渡航し、一攫千金を狙っていたのだ。そして、不良ロシア人がたむろする富山市内のフィリピン女性や、ロシア娘がいる怪しげなバーで不良グループに誘われ、それからせっせと簡単にお金が手に入る窃盗に従事しはじめた。途中嫌気がさして逃げ出そうとすると、仲間に激しい暴力を振るわれ、窃盗仲間を継続するよう脅迫されたというのである。

とにかくこの不良グループは、手当たり次第に窃盗を重ねた全国行脚を続けており、広島では偶然知り合ったナイトクラブで働く3人のロシア娘たちともホテルを泊まり歩くなど、好き放題をして暮らしていたようだ。

私が担当したこの青年は、素直に犯罪事実を認めてその詳細を自供し、ナホトカで許嫁が待っているので、どうか刑務所にだけは入れないでくださいと両手をすり合わせて懇願し、刑務所に入れられるのであれば手首を切り落としてもらう方がましだなどと、大声をあげて肩を震わせて泣く意気地なしであった。

そんなある日、真剣な顔で「実は今回の仲間の一人は、北陸地方で別の大きな事件を起こしている」と秘密を明かし始めた。今回の事件の半年ほど前、T県の港町からT市に向かう中古自動車販売店が林立する国道線近くで、夕暮れに田圃道をロシア人船員が自転車で通りかかった際に、4人のロシア人の強盗が棍棒やバットで襲い掛かり、腰に着けていたポシェットの中にあった150万円ほどの現金を強奪して逃走するという強盗傷害事件が発生し、T県警が捜査を継続しているが、未解決となっている事件であった。そして、今回逮捕されて取り調べを受けている共犯者の中の一人が、その強盗傷害事件の共犯者であるというのである。

その後、自分自身の取り調べが一段落した頃、自らが見聞したT県の別の強盗致傷事件について知っている事実を詳細に語り始め、2日間に渡って調書にまとめあげ、T県警に事件関与の詳細がすべて通報された。結局彼からのこの情報が功を奏し、T県での強盗致傷事件は再捜査され、この時の事件の裁判処理が終了後、共犯者の青年がT県に移送され、取り調べが再開され、私が再び通訳を務めた。

当時ロシアの貨物船に便乗してT県に中古自動車買付のロシア人客が殺到しており、彼らは国道沿いに林立する主として、パキスタン人経営の100社を超す中古自動車販売店展示場を、早朝から夕方まで自転車で回り、お気に入りの車輌を買付して、出港までに通関手続きを終了し、ロシアに運搬するのである。ところが、車両買い付けのためロシア人ビジネスマンたちが回遊する界隈は極めて治安が悪く、すでにコソドロ的窃盗が多発していた。

また、ある時には日本人経営の自動車展示場で、その日の売り上げを数えていたところに突然覆面した数人の強盗が押し入り、刃物を突き付け、その日の売上金1000万円以上を強奪されるなどの事件が発生していた。

S県からT県に移送された強盗傷害事件共犯者の青年は、何とか罪の軽減をしてもらいたいと思ったのか、犯罪事実を素直に認め、反省や改悛の気持ちをとうとうと述べ、比較的素直に取り調べに応じ、調書の作成も順調に進んだ。

しかし、犯行の具体的詳細について語る時は、鬼気迫るものを感じた。共犯者たちはロシア人ビジネスマンたちが通過する道路を丹念に下見し、大きな倉庫の影となり、回りが田圃で人影が少ない場所を選んで夕方待ち受けた。そして、見張りからの合図で自転車で通りかかったロシア人船員の男に、4人で一斉に襲い掛かり、棍棒、野球バットで叩きのめし、自転車が転倒すると、大金の入ったポシェットを抑える被害者の顔面と、ポシェットを抑える右手も運動障害が残るほど強打し、ひるんだ隙に主犯が現金をつかみ逃走。翌日には奪った現金を懐にロシアに帰国し、姿をくらましたのである。

その時、共犯者としてバットや棍棒を振り回して犯罪を実行し、被害者に大けがを負わせた3人の青年は、結局3万円ほど受け取ったのみで、主犯の中年ロシア人が他の金銭は全部奪ってロシアに無事帰国し、素知らぬ顔で暮らしているという。

取り調べは順調に推移し、現場検証などにも立ち会い、被害者の参考人調書の聴取も通訳を務めたが、この事件の主犯をひっとらえることが出来なく、生煮えの結果ではあったが、とにかく一応の結末を迎えた。

また、S県での最初の事件では、別の警察署に分散留置されている2人目の共犯者の取り調べの際にも約1ヶ月間通訳を務めたが、この青年は青白い顔つきで、見るからに病的風貌であった。そんな彼の取り調べは難渋した。というのは、留置場からいつものように引き出し、腰紐を椅子に縛りつけ、手錠を外して担当刑事さんが次々質問しても、ニタリ、ニタリと笑みを浮かべるばかりで、全くまともに答えようとはせず、口を開けば、昨夜留置場に兄弟が訪れ朝まで語り合ったと、ありもしない話ばかりを繰り返すばかりで、終日仕事にならない。

ある日に少しまともな話をするので、調書にまとめて署名を求めると、「ロシア大統領の命令」で一切署名は出来ないと、怖い顔をする。またある日には、取調室で座ったとたん突如立ち上がって、腰紐を外して脱兎のごとく駆け出し、廊下を駆け回り、取り囲んだ刑事たちにボクサーのように拳を構えるのであった。何とかその日は落ち着かせて、再度取り調べに戻ったが、彼が駆け出す際に横に座っていた私の足を思い切り蹴り上げたため、右足ふくらはぎ付近に赤く痣ができ、終日痛みを覚えた。

結局この青年の取り調べは全く進まず、業を煮やした検事が直接取り調べに当たることになったが、相変わらず一切の質問にも答えようとせず、検事も次第に不機嫌となり、調書に「一切の質問に答えません」という彼の言葉を記録し、署名を求めた。すると、ニタリとした彼はその調書を荒々しく破り捨てたため検事は激怒した。

どうやら彼は、チェチェンでの民族紛争に陸軍兵として狩りだされ、イスラム教徒のゲリラとの戦場で言語に絶する過酷な戦争体験をし、挙句の果てには数人の同僚兵士とともに捕虜となり、銃殺が始まって刻々と自分の順番が迫り、隙をみて森の中に逃亡を図り、無事ロシア軍にたどり着いたことがあったらしく、明らかに神経を病んでいると思われた。

チェチェンでもし、ロシア兵がゲリラにとらえられれば、眼玉をくりぬかれ、皮をはがされるなどともいわれており、日本に渡航して様々な犯罪に手を染めるロシア人青年たちの背景には、旧ソ連崩壊による経済混乱や、民族紛争による様々な深手の傷を心に負ったものたちばかりであった。

結局、4ヶ月にも渡る彼らの取り調べが終了し、裁判に処せられ、それぞれ実刑や執行猶予付きの判決が下されたが、泣きわめいて帰国を懇願していた件の青年も、無事帰国できたと聞いている。

ロシア人花嫁自殺事件の悲しい通訳

その頃、所用で東京に滞在することがあり、日曜日にビールを傾けゆっくりと昼食をとっている最中に、けたたましく携帯電話が鳴った。私は家族からの電話かと思い受話器を耳に当てると、「ロシア語通訳お願いします！」と電話の主が叫んだ。私は、「どちらの方ですか？通訳内容と日時は？」と聞き返すと、「今すぐです、東京です。ロシア人の妻が亡くなったのです。助けてください」と言うではないか。滞在中の場所からそれほど遠方ではなかったので、私はすぐさま彼が言う住所を探して、地下鉄でしばらく移動し、とあるマンションに到着した。

ドアを開けるとちょうど2DKほどの小マンションの一室で、その男性は暗い顔でしょんぼりと座って私を待っていた。事情を聞くと、彼は40歳のタクシー運転手で、ロシア人の24歳の奥さんとは、つい10日ほど前結婚式を挙げたばかりであったが、その日早朝突然死亡したという。そして、ハバロフスクの母親と連絡を取ってその後の処置を相談したいが、ロシア語が全く分からないので、通訳をお願いしたいというのである。

私もそういった異例の通訳業務についた経験がなかったが、しょげかえった男性の顔を見ると断る事も出来ず、その仕事を引き受け、2日間母親との連絡にあたることにした。

するとその男性は、母親にはまだ死亡したということは伝えないでほしい、重傷を負って治療中と伝えてくれないかというではないか。しかし、ことは重大である。

私は、奥さんはすでに死亡しているのに生き返るわけでもなく、嘘をついても意味がないではないか。そして、その嘘がいずればれた時に、あらぬ疑惑をもたれて問題が発生する可能性があるのではないか。と説得し、真実を告げることへの了解をとった。その日は日曜日だったが、ハバロフスクの自宅の電話は、何回かけても受話器を誰も取らず、不調に終わった。

翌朝から再度電話をかけ続けたが、その間、男性の方はうつろな目で、パソコンを開いてつい先日の華やかな結婚式で新婦が白無垢姿で微笑む写真を眺めて、ため息をつくばかりであった。この部屋には新妻の洋服、靴、化粧品なども残されており、哀れを誘った。

母親との連絡を待つ間に、彼は問わず語りにハバロフスク出身の花嫁さんとの出会いや、結婚式までに同棲していた3ヶ月の思い出話を少しずつポツリポツリと語り、次第に私とも打ち解けてきた。そして、思いがけない話を突然し始めた。と言うのは、ある国際結婚斡旋会社の紹介で、医科大学の女子大学生であった彼女と知り合ったこと。そして、とんとん拍子に話が進み、結婚式までの3ヶ月間彼との同棲生活を始めて、仲睦まじく暮らし、10日前めでたく正式の結婚式を挙げたばかりだそうである。

ところが彼女は、どうやらアルコールが大好きで、少し飲むと様子がおかしくなることがあり、一度自転車で酔っ払い運転をして交通事故にあった事もあるそうである。今回の結婚式も無事終了しほっとしたのか、死の前日、深夜までビールを大ジョッキで数杯飲んでカラオケで騒ぎ、夜明けごろマンションに帰ると、次第に様子が変わってご主人に執拗に絡み始め、わめき散らしだし、口論となったそうである。そして、挙句の果てに4階のマンションのベランダから身を乗り出し、「死んでやるー」と叫んで飛び降りを図ったらしい。

びっくりしたご主人が体を抱えて止めようとしたが、一瞬間に合わず、彼女は手すりにぶら下がった状態になり、ご主人は必死に彼女の腕をつかんで引き上げようとしたが、そんな彼の腕に激しく噛み付き、手が離れて一気に落下し即死したそうだ。

彼女がぶら下がったベランダの手すりには、死の一瞬前の手形の跡がくっきりと残されていた。幸せいっぱいの結婚式を終えた10日目にこういった悲劇が発生してしまい、ご主人は大きく動揺しており、正にどうしてよいかわからぬ茫然自失の状態であった。

そうこうしているうちにハバロフスクとの電話がつながり、母親に「彼女のことで重要な話があります」とまず告げると、母親は直ちに「あの子は死んだのですか?」と聞くではないか。私はその時とても驚いたが、母親には彼女がかなりの酒乱であることが分かっていたのではないだろうか。そして、彼女の遺体をどうするかの打ち合わせしたいというと、母親は即座に「娘の遺体はそのままハバロフスクに送り返してください。我々はロシア正教徒なので、火葬にしないでください」と述べ偲び泣いた。

その旨をご主人に伝え、遺体をそのままロシアに輸送することになり、ご主人は悲しみを乗り越え、その手配にとりかかった。

私の役目は2日目夕方に無事終わったのでマンションを後にし、大阪に向け出発したが、2日間実に憂鬱な通訳であったが、これもまた貴重な体験としてよい人生勉強にもなった、悲しいロシア語通訳の顛末である。

新潟県警察学校夏季教養講座でロシア情勢2時間講演

新潟県警察学校で講議中。

この頃、ロシア人多数が来訪し事件が多発していた日本海沿岸の各地県警の捜査通訳を長年務めたため、その実績を認められ、新潟県警の依頼で、警察学校夏季教養講座で、現役警察官に対するロシア情勢に関するセミナー講師を引き受け、合計2時間にわたって講議を行い好評を博した。

社会主義、共産主義を標榜していた旧ソ連時代からペレストロイカを経て、ソ連は崩壊してロシアは急速に自由化して混乱の中社会的変貌を遂げているが、一方来日ロシア人による様々な犯罪が多発しておりロシアという国、ロシア人と言う民族的特色などを詳しく解説し、受講生も熱心に講演に聞き入っていた。また、その後2年間以上にわたり難事件の捜査に協力したことについて、松江地方検察庁より協力感謝状を授与され、捜査関連通訳者として大きく評価された。

サンクトペテルブルグで関東軍からの略奪戦利品返還交渉
―ロシア出張再開―

その頃、神戸市内元町高架下で蚤の市のようなガラクタを販売する雑貨店を経営していた、不思議な老人と偶然知り合った。彼の店には、こんな物でも売れるのかと思うような雑多な品がうず高く並べられていたが、なぜか場違いなロシアの様々な雑貨も平行して販売されており、時にはキャビアなども置いてあった。ソ連崩壊直後には段ボール箱いっぱいの顔写真付き旧ソ連共産党員証が積まれていて、１冊１０００円の値がついていた。

時々この店の前を歩いていた私は、ある日その老人に何故ロシアの商品を販売しているのですかと尋ねた。彼は実は満州で招集された元陸軍兵士であったが、終戦後ソ連軍の捕虜となり、シベリアに数年抑留された経験があり、ロシアにとても郷愁を持っていて、神戸港に入港するソ連船船員たちが次々持参するロシアングッズを、店先に並べて販売しているのだそうだ。

彼が捕虜になった頃、ソ連軍は満州で日本人が所有していたありとあらゆる物資を、戦利品として略奪し、貨物列車にどんどん積載して、ロシアに輸送していたのだそうである。それらの中に日本軍将校が腰にぶら下げていた多数の指揮刀もあり、武装解除の際取り上げたおよそ10万本ほどの軍刀を荒縄で縛り上げて、列車に積載する作業をさせられた経験があるというのである。そして、もし、その日本刀がソ連に保存されていて、それらの軍刀を買い戻しできれば、大きなビジネスになると目を輝かすのであった。しかも彼は、かなりの日本刀愛好家であり、数本の日本刀も商品として、ガラクタ雑貨とともに店頭に並べらえていた。

この元ソ連抑留者の老人は、とても個性的で面白い人間で、シベリア時代、ソ連軍兵士たちと意気投合し、意外と計算が速かったせいで、捕虜収容所の食料保管庫係となって、ソ連兵に重宝がられたという。

満州での日本軍武装解除風景。

このひょうきん者の倉庫管理係は、こそこそくすねた食料にたらふくありつけ、挙句のはてには、ロシア娘の電話交換手エレナと一緒にシャワーを浴びているところを見つかり、結局、懲罰として帰国を半年延期させられたという人物である。そんな彼は無事復員後、神戸元町高架下の一角で雑貨店を開店し、多数神戸港に入港する外国船乗員たちのお相手をしてのんびりと暮らしていた。

その後、何度かこの老人と話すうち、ロシアのある人物が、戦後満州でソ連軍が略奪した大量の戦利品の日本刀のありかを知っていて、日本へ返還できる可能性があるとの耳寄りな話を持ち込んできた。そこで、私はこの話のソースである東京の大手旅行社を訪問し、そのニュースを持ち込んだ営業マンと面談し、その具体的情報を取得し、早速紹介されたサンクトペテルブルグのイーゴリという人物に連絡をとり、その男性と協議を進めるため急遽ロシアに飛び立った。

サンクトペテルブルグで文化交流活動再開
―腐っても鯛・おろしあ国再訪―

久しぶりにフランクフルト経由でサンクトペテルブルグに到着し、知り合ったイーゴリの勧めで、彼のアパートに約2週間ほど滞在して、日本刀返還の可能性についての調査を始めた。この久方ぶりのロシア再訪のあと、私はその時の訪問記録を執筆し、小冊子100部を発行して関係者に配布した。以下名付けて『腐っても鯛・おろしあ国再訪の旅』である。

私にとって久方ぶりのロシアであった。とは言っても、パスポートをめくって見ると、何のことはない、その前年1996年8月にも新潟空港帰国の入管のスタンプがきっちり押してあるので、約1年ぶりの『おろしあ国』再訪であった。しかし、この20年間、合計100回を越すロシア、旧ソ連諸国への出張を絶えず繰り返していた私にとっては、実に長い長い空白期間であった。

しばらくぶりで古女房に会ってみると、改めて新鮮さを感じ、惚れ直す事もあるように、今回のロシアは、以前とはまったく違った角度から切り開いて覗くロシアの新鮮さに改めて驚くような魅力的旅であった。

さて、今回の訪問地はレニングラード改めサンクトペテルブルグであり、かつてエカテリーナ女帝が闊歩し、ロマノフ王朝の輝かしい文化の華が咲き、トルストイやドストエフスキーが散策した、かつての首都である。

この街は実は大阪とも長らく姉妹都市の間柄であり、正に文化と歴史の街であり、私は以前ロシアで最も歴史のある、名門バルチック船舶公団とも取引があり、商業港近くの運河通りにある古色蒼然たる赤煉瓦の本社ビルを何度も訪問したが、ただ常にモスクワ、レニングラード、リガ、オデッサと駆け足出張ばかりで、ドサ回りの股旅役者よろしく、旅行鞄を担いで各地を巡り、船舶修理、舶用機器、船用品、建設機械、機械工具などのカタログを片手に1～2日商談をすると、次の街に移動するという極めて慌ただしい旅の繰り返しであった。

そのため、このサンクトペテルブルグ滞在中も、ほとんどと言っていいくらい文化的な名所旧跡を訪問したこともなく、あの著名なエルミタージュ美術館も、一度は見学に行ったものの記憶に残っているのは、あまりにも広すぎて、足が疲れてしまい、途中で引き返したという事のみである。行けども行けども、延々と続く果てしない絵画や彫刻の海で、正に「過ぎたるは及ばざるが如し」とはよく言ったものだと変な感心をしたのだった。

このエルミタージュは、ロシア人ガイドの説明によると、元ロマノフ王朝の宮殿であり、所蔵品は270万点と言われるが、現在展示されているのは、約その5％程度であり、その他は長らく収納庫に眠ったままだという。その「ほんのわずか」の展示品も、足の疲労と建造物の豪華絢爛さに圧倒されて、最後まで鑑賞するのはかなりの苦行であった。

つまりロシアは2万数千発の核弾頭や大陸間弾道ミサイル、数百万の軍隊のみならず、日本とは桁違いの有数の文化財を所有しているというわけである。

さて、今回の旅の主要目的は、第二次世界大戦終結時、満州各地でソ連軍によって戦利品として没収され、ロシア各地に眠っているといわれる、旧関東軍の軍装品—軍刀、軍服、勲章、各種文書類などの調査である。ことの発端は前述の愉快な元シベリア抑留経験者の神戸の老人の思い出話からである。その後の懸命の調査で、どうやらそれらの一部はサンクトペテルブルグに所蔵されているらしいとの話を聞きこみ、おっとり刀で駆け付けたのであった。

イーゴリ・アレクサンドロフ ―カミカゼ、ウキヨエ、マグロ大好きロシア人―

サンクトペテルブルグ郊外のプルコボ空港に出迎えてくれたのは、ちょび髭を蓄えた、いがぐり頭のイーゴリ・アレクサンドロフ夫妻であった。

サンクトペテルブルグは思いのほか温かく、プラス1～3度と言った気温で、時たま粉雪がちらつく程度で、これなら重装備の毛皮のコートは必要なかったかなと一瞬思うほどであった。

日本刀を構えるイーゴリ。

それから約2週間、彼のセカンドハウスのアパートでホームステイ生活が始まった。

イーゴリは当時32歳で、元陸軍化学部隊の将校であり、アフガニスタン派遣のソ連軍兵士として毒ガス部隊に所属していた。そして、アフガニスタンの戦場で自らも毒ガス被害にあい、傷病兵として認定されて退役し、その後エルミタージュ美術館勤務や旅行社勤務を経て、現在はテレビ局や日本の企業関連の各種調査や訪問団のガイド、コーディネーターをしているとの触れ込みであった。日本各地を数回訪れたことがあり、いわば日本通であった。

彼は、付き合えば付き合うほどに味わいが出てくる興味の尽きない人物であり、長年多くのロシア人、ウクライナ人たちとの交流があった私のファイルには整理されていない、まったく新しいタイプのロシア人であった。

朝昼晩毎日寝食を共にし、日を重ねるに従いお互いの気持ちもよく通じ合い、ロシアと日本というまったく異色の文化圏に育ち、年齢も大きく差があるにもかかわらず、文字通り意気投合してしまったのである。

ただ、最初の数日間はなぜか極めて警戒的な態度をとり、なかなか心を開こうとしない彼に私は少々困り果てていた。そのうち日露戦争、ノモンハン事件、そして、第二次世界大戦末期の満州における日ソ戦の話となり、延々と夜明けまで語り合い、あまりにもイーゴリと私の持っている共通の感性に驚き、お互いの顔を見合わせあったものである。

イーゴリが私に「君は本当に純粋の日本人か？　今まで出会った多くのマスコミ関係者やビジネスマン達とも親交を持ったが、君のような日本人に出会ったのは初めてだ」と言うではないか。私も「浮世絵、戦艦大和、特攻隊、日本刀などなどが大好き」という〝変な外人〟イーゴリの述べる正論にたじたじであった。

彼曰く、今まで出会った日本人は、昔の戦争や歴史の話は全て遠い過去のことであり、まったく興味がない。また、戦後の復興に協力を惜しまず、力を尽くしてくれたアメリカは大好きである。それに反し、終戦直前突然日ソ不可侵中立条約を一方的に破棄して参戦し、北方領土も不法占拠し続けているロシアは嫌いだという主張を繰り返す、いわばステレオタイプの人物ばかりであったというのである。

また、イーゴリは昨年ニューヨークを訪問したが、市内はゴミだらけで汚く、治安も悪く、まったく文化や歴史的伝統も感じられない薄っぺらな国との印象が残っているのみで、早々に予定を切り上げ帰国したとのことである。その後、来日しその味わい深い伝統文化や歴史のユニークさと市内の清潔さ、生活の便利さに驚き、日本に惚れ直したというのである。

そこで、私が「すでに度重なる空襲で全国主要都市は焼け野原となり、数日後確実に降伏することが分かっていたにもかかわらず、全く不要であった広島、長崎へのアメリカの原爆投下は、冷戦の始まりを予感していたアメリカが、ソ連に対する威嚇のためと、核攻撃の効果を実験する目的で投下した」と指摘すると、イーゴリは笑いながら、「全く同感だ。アメリカ人はまず、2発の原爆を日本人の頭上に炸裂させて、瞬時に20数万人の民間人を殺戮した後、戦後平和の使者として日本全国を占領した後、にこやかに子供たちにミルクをプレゼントして回り、人道的アメリカを演出、宣伝したのだ」と述べた。このあたりから次第に2人は打ち解けあった。

そしてその彼には今、日本人に失望していることがあり、ぜひ相談に乗ってほしいと依頼してきた。それは、ある日本の大手旅行社が、エルミタージュ美術館との文化交流を企画し、代理店契約を交わして業務を開始したが、契約による代理店料支払いが一回行われた後、残り一年分が全く支払われていないというのである。そして、この旅行社がサンクトペテルブルグに3回ツアーを組む企画をし、エルミタージュ美術館の館長も、海外出張を取り消してまで来訪を待っていた。

ところが、直前になって突然電話一本でその予定をキャンセルしてしまったなど、あまりにもロシア側を小馬鹿にした、大手企業にあるまじき失礼な対応を繰り返しているとのことだった。この一年間、一生懸命日本人を信じて様々なビジネスに関する情報を送り続けた書類の山を見せながら、涙ぐむイーゴリを前にして、私は、それが本当であればあまりにも非常識なこの旅行社の対応振りに、「一日本人として恥じる。しかし、たまたま出会った日本人が運悪く教養のない人物であったわけで、全ての日本人がそれほどビジネスマナーが悪いということではない。もし、クレームレターを書くのであれば、先方に渡して交渉してみる」と提案すると、イーゴリは涙を流して喜び、信頼の握手を交わしたのである。

サンクトペテルブルグはアンティークの宝庫
―マンモスの化石から鉄兜まで―

サンクトペテルブルグには、ありとあらゆるアンティークのコレクターが住んでいる。また、市内には多数のアンティーク商品専門店やオークション会場があり、とてもおもしろい骨董品が並んでいる。サモワールをはじめ、マンモス、セイウチなどの牙類で作られた各種彫りもの、懐中時計、古いカメラ、宗教絵画、琥珀、宝石など様々なコレクションが、しゃれた店舗にところ狭しと陳列されていて、工夫次第で一味違ったビジネスに繋ぐことができるのではないかと思われる。

このことを、早速イーゴリに話すと、「この街には、色々な種類のコレクターが住んでいて、まるで自宅を博物館のようにしている人たちが多数いる」とのことである。

例えば、アンティークの「時計」「楽器」「ナチス・ドイツの勲章、鉄兜」「短刀」「日本刀」「ソ連軍の軍服」「日露戦争参加艦船の図面」「独ソ連時代の不発弾」などの収集家がいて、それら

独ソ戦場から採掘の砲弾収集家と歓談。

の売買も可能だとのことである。

また、サンクトペテルブルグには、ロシア最大の地質学者研究所があり、そこには様々な化石標本や、ロシア全土の珍しい奇石類が多数所蔵されていて、展示会開催や一部販売もできるというのである。

私がアンティークに興味があることを知ったイーゴリは、翌日、早速年代物の貞宗という銘の入った日本刀一振りを、民間コレクターより借り受け持参していた。そして、そのまた翌日には、独ソ戦時代の錆ついたヘルメット、砲弾、手投げ弾を抱えた迷彩服姿の大男が現れ、第二次世界大戦でナチス・ドイツ側についたフィンランドとの戦争の、歴史的逸話を地図を広げて話してくれた。

今でもフィンランドとソ連軍が戦火を交えた国境地帯の森林には、多数の両軍の陣地跡が残されていて、趣味で不発弾を掘り、インテリアとして収集するグループが存在していると言うのである。

私がそれはとても危険な趣味ではないかと言う

と、よくぞ聞いてくれたと言わんばかりに、この大男は、それから1時間以上にわたって、友人と不発弾掘りのため森林深く分け入り、その親友が不発弾処理を誤り指を吹っ飛ばし、人里離れた深い森の中から、どのようにして彼を救助したかを話してくれた。

しかし、このような危険を冒しても、どうにも止まらないほどスリリングで興味深い趣味なのだそうである。この迷彩服姿の大男は、有名なスポーツ医学の医者で、オリンピック選手などの健康管理アドバイザーだそうだ。

陸軍歴史博物館 ―首切り鎌からミサイルまで―

この博物館の正式名称は「陸軍歴史博物館・砲術、軍事技術、軍事通信資料館」である。イーゴリの話によると、この博物館にドイツおよび、日本の戦利品が多数所蔵されていると言うのである。イーゴリが作成した『日露文化交流に関する業務協定締結の提案書』と雑誌『丸』、『コンバット』を携えて、恐る恐る館長のクリーロフ大佐殿に面会を申し込むと、しばらく秘書室で待機の後、館長室に案内された。

広々とした館長室の壁には、トルストイの「戦争と平和」に描かれた「ボロジノの戦」の壮大な油絵が掛けられており、机、椅子、壁時計、ドアの装飾など、どの一つをとっても、まさに〝絵〟になるロシアのアンティークの世界である。

クリーロフ大佐に日本の旅行ガイドブックを見せて、「このガイドにサンクトペテルブルグにあるほとんど全ての博物館、美術館が紹介されているのに、この陸軍歴史博物館が掲載されていないのですが、どのように思われますか」とイーゴリが話を切り出すと、ロシア語で併記された博物館名を何度も読み直して、大佐殿は真っ赤になって憤慨し始めた。この２４０年の伝統を持つ重要な博物館が掲載されていないとは何事かと、いささか自尊心を傷つけられた模様である。

そこで、すかさずイーゴリは雑誌『丸』を開き、「ここに日本のツーリストのウラジオストク・ロシア太平洋艦隊訪問のルポルタージュがあります。ミサイル巡洋艦ペトロパーブロフスク号船上で、こうして写真撮影もしています。このように、我々が日本で貴館の宣伝をし、ツーリストを招聘したり、博物館どうしの文化交流をアレンジしましょう。そこで、ぜひ、基本的な業務協定を交わせていただきたい。日本の旅行ガイドにも貴博物館の紹介ができるようにとりはからいます」と述べると、大佐殿は「ハラショー」と大きくうなずき、早速、業務協定に調印の運びとなった。

そして翌日、半日以上かけて興味深い数々の博物館展示品と、日本からの戦利品の一部を見ることができたのである。この博物館は、砲術、軍事通信機器の歴史を中心に展示物がならべられており、それらの展示物の背景にナポレオンとの戦争、第一次世界大戦、ナチス・ドイツとの戦い、そして、第二次世界大戦時の満州での日本の関東軍との戦争といった具合に、順次歴史が語られているわけである。とにかく度肝を抜かれたのは、正面玄関を入った広場に陳列された戦車、装甲車、大砲、ミサイルの壮大さである。館内にも首切り鎌に始まり、サーベル、日本刀、各種年代ものの大砲と続き、様々な武器類の展示物の量に、圧倒されてしまうばかりである。

この大量の展示物を背景に語られる歴史絵巻とともに見ていきながら、私はふとロシア人と日本人との間には第二次世界大戦に関して、その捉えかたに大きな相違や意識にずれがあるのではないかと考えさせられ始めていた。つまり、第二次世界大戦とは、ロシアにとってはどこまでも防衛的戦争であり、独ソ中立条約を踏みにじって怒涛のごとく祖国ソ連に攻め込んだ、ナチス・ドイツファシストの破壊から自分たちを守り、ひいてはその魔手を払いのけて世界を解放した、正義の戦争であったのではなかろうか。しかも、それは自国領土を主戦場に、ソ連全土で２７００万人にも上る人命の犠牲を出した上での、ギリギリの勝利であった。ちなみに、日本の太平洋戦争における軍人、民間人すべての犠牲者は、ヒロシマ、ナガサキの原爆被害者を入れても３２０万人といわれており、その9倍にもなるソ連の損害が、いかに大きかったかということはお分かりいただけると思う。

サンクトペテルブルグにおいても、９００日にも及ぶドイツ軍の封鎖により、戦死者35万人、餓死者65万人、合計１００万人がこの地で命を落としているのである。日本では「日ソ不可侵条約を破ったソ連」、「北方領土を不法占拠するロシア」、「シベリアに60万人の捕虜を国際法に違反して長期抑留し、奴隷労働を強制したスターリン」等々、日本を被害者としてのみ捉え、恨みつらみをぶつける対象としか、ソ連・ロシアを見ていないのではないか？　どんなに理由を並べ立てても、日本はあくまでも日独伊三国同盟を結んで、世界を敵にして戦い、ファシズムの片棒を担ぎ、中国侵略に血道をあげた侵略国家だったのではなかろうか？　確かに様々な局面で、ソ連もロシアも色々な過ちを犯した事もあるであろう。

そして、そんなことを思いながら『日本軍の中国における蛮行』と題された展示写真の前まで来たとき、私は息を呑んだ。そこには十数個の中国人の生首が、無造作に草むらに転がされている一枚の写真が示されていた。この一枚の写真が、第二次世界大戦で日本が、我々がどういった位置に立っていたのか全てを物語っているのではないだろうか。

日本はナチス・ドイツと結んで、世界をファシズムの力で制覇しようとしていたのではないか。そして、そのために中国領土の中に傀儡国満州国を建国し、世界最強と言われた関東軍約100万をソ満国境に配備し、ドイツの進撃に呼応して、ソ連領土内に軍を進め、社会主義国ソ連邦を蹂躙しようとしていたことは紛れもない歴史的事実であろう。

中国兵を処刑する日本兵。

東京で極秘裏に諜報活動に従事していたリヒャルト・ゾルゲの巧妙な諜報活動により、日本がソ連を攻略する北進を止め、南方に進出するため関東軍主力部隊を南方に転戦させる決定をした事実を知ったスターリンは、ソ満国境に張り付けていた、ソ連軍機甲部隊をヨーロッパ戦線に急遽送り返してドイツとの最終決戦を有利に進め、1945年5月についにベルリンを陥落させ、国会議事堂の頂上に赤旗を翻したのだ。そして、ドイツを打ち破ったソ連軍はヤルタ会談における連合国との秘密合意にもとづき、「満州」国という日本の傀儡国家を倒し、関東軍を約170万のソ連軍が瞬く間に撃破し、中国侵略軍を排除したのだ。

6年間にわたる厳しい独ソ戦を描いた壮大な歴史絵巻の片隅に、ほんの申し訳程度に展示された「中国における日本軍の蛮行—生首」、「出征兵士の寄せ書き入り日章旗」、「武装解除する満州の関東軍」、そして、おそらくソ連に対抗して力を誇示するための「米軍による原爆投下とその惨状」それが日本に関する展示のほぼ全てであった。

まさに良い戦争と悪い戦争などと言う区別はあり得ない。戦争とはどんなに正当化する説明を繰り返してみても、所詮はお互いに殺戮しあい、人間の生活を破壊し、文化を壊滅し尽くしていくものである。

しかし、一見武器の発達の歴史を延々と展示し、祖国ロシアの国威を発揚しているかに見えるこの博物館は、ロシア人たちがいかにして世界を覆っていたファシズムを打ち破り、「人間と文化」をとり戻したかを、武器の歴史を通じて見事に物語っているのではないかと改めて感慨を深くした。そして、この陸軍歴史博物館との交流を深め、日独合わせて数万点を所蔵する戦利品の調査を続行したいと思った。

中央海軍博物館訪問
─切支丹大名の鎧兜、プチャーチンの短刀など日露交流の原点所蔵─

海軍博物館はちょうど、レナ川沿いのエルミタージュ美術館の対岸ワシリエフスキー島入り口近くの橋の袂にあり、旧商品取引所跡の白亜の美しい建物である。前日にイーゴリが文書で面会を申し込んでくれており、館長コルチャーギン大佐はすぐに我々を館長室に通してくれた。私が大阪から来たと告げると、ニッコリ笑顔を見せ「つい先日私も大阪を訪問しました、大阪とサンクトペテルブルグは姉妹都市ですから、ぜひ博物館としても文化交流を行いたい」と極めて積極的対応を見せてくれた。何となく陸軍より海軍の方がフランクで気楽な印象である。

早速館内展示物をくまなく紹介してくれ、更に日本関係の所蔵品を特別に見せましょうということとなり、様々な興味深い所蔵品を披露してくれた。展示物や所蔵品の中でもっとも目を引いたのは、艦船模型である。その展示の多さもさることながら、18世紀頃からの巨大な2～3メートルもある様々な艦船模型の中には、フランス国王から賜った見事な芸術品など多数が含まれており、過去ヨーロッパでも度々それらの展示会を開催してきたとのことである。

ひとしきり展示物を鑑賞後、日本関係所蔵品の専門家の執務室に案内された。そこには日本刀、鎧兜、火縄銃などアンティーク愛好家にとっては垂涎のお宝が、所狭しと無造作に棚にしまわれている。その一部はボードに丁寧に展示してあり、そこには徳川家の家紋である〝葵紋所〟のついた短刀、弓矢入れなどが何気なく張りつけられている。「これは、もしかすると?」

と言い掛けると、担当者はすかさず「日露和親条約締結時に、徳川家からロシア側全権代表のプチャーチン提督に贈呈された品です」との説明が加えられた。また、十字架模様入りの切支丹大名の鎧兜もあり、全く興奮冷めやらぬ気持ちで帰宅することとなった。

そして、翌日も海軍博物館を再訪すると、1953年プチャーチン提督一行500人が乗船していた、帆船デイアナ号に同乗していたモジャイスキー中尉が、日本滞在中に描いた10数点の素晴らしい水彩画を見せてくれ、その中に大阪天保山沖の絵が数点あり、興奮してしまった。また、幕末から明治にかけて多数のロシア艦船が寄航した長崎で、将校たちが買い付けた江崎鼈甲店製作の、鼈甲製軍艦模型も数十点所蔵されており、興味が尽きない訪問となった。

全く突然の訪問であったにも関わらず、担当者は関東軍からの戦利品の行方についても、自分の知っている範囲での事実を詳しく話してくれた。終戦直後、極めて大量の戦利品がモスクワ、レニングラードにも送られてきたことは事実である。しかし、当時ドイツとの激しい戦争にソ連全土は荒れ果て、人心も疲弊しきっており、海軍博物館の前庭に日本刀が山積みされたが、誰もそれらが美術品でもあるという認識を持ってはいなかった。要するに単なる良質の鉄塊と思われていただけで、いち早く生活必需品——つまり、鍋釜に変えてしまえとばかりに、毎日トラックに満載されて製鉄工場に運ばれ、溶鉱炉に放り込まれて、スクラップされてしまったというのである。

この海軍博物館にもそれらの残りが幾分か残されているが、それらの日本刀が戦利品の軍刀なのか、違った経路でロシアに持ち込まれた江戸時代などの刀剣なのか、未整理のままで月日

ペテルブルグの海軍博物館にて。

が経ってしまい、誰も鑑定などもできない状態とのことである。

そこで、私たちは棚の中から数振りの日本刀を選んで取り出し点検してみると、早速鞘に鮮明に氏名、住所が記載してある軍刀が出てきて、胸を熱くした。大連市高蒲町山第三分区・高辻為次郎と記されたこの軍刀の所有者は、現在ご存命なのであろうか。万一生きておられればご本人に、もし不幸にもお亡くなりになられているならば、遺品としてご遺族に返還できれば良いと思いながら、この刀を鞘にそっと収めた。

とにかく、その時のサンクトペテルブルグ訪問は、私にとって新たな自分探しの旅でもあり、未知への世界に踏み込むことにもなった。大学時代を入れれば約30年間唯々ロシアと付き合ってきた己の未来を、再構築するための旅立ちでもあった。

今までは何か商品を、ロシアや旧ソ連に販売して、何がしかの金銭的利益を得ることばかりに熱中していたが、今後は何か物を売るのではなく、角度を変えて日露の文化交流的な仕事を追及し、新たな人生を組みたてて行くことができるのではないかとの思いで、久々の「おろしあ国」訪問を思い立ったのである。そして、イーゴリという若き良きパートナーを得ることができ、また、エルミタージュ美術館、陸軍博物館、中央海軍博物館との交流ができるようしっかり根回しもでき、無事プルコボ空港を飛び立つ私の心は晴れ晴れとしていた。

しかし、色々探索は試みてはみたが、今回一度の調査では残念ながら大量の戦利品の日本刀のありかや、返還の交渉は、にわかには進展しそうにもなかった。そして、大きな夢が遠のき、件の老人に詳細を報告した。

ところが意外にもその後、別の仕事にこれがつながることとなった。と言うのは、今回のロシア所蔵日本刀に関する情報を、彼の知人で著名な日本刀鑑定家に伝えると、彼らの数人のグループが、ロシア所蔵の日本刀の鑑定を行いたいというのである。そこで、私は再度イーゴリと連絡をとり、今度はエルミタージュ美術館などの博物館を訪問し、所蔵する日本刀を鑑定させてもらうという、日本刀鑑定家ロシア訪問団の企画を立て始めた。それからしばらくの後、再度5名の日本刀鑑定家を引き連れ、サンクトペテルブルグに向かう機上の人となった。

サンクトペテルブルグに降り立った私たち一行は、早速海軍、陸軍博物館を視察し、所蔵日本刀を見せてもらい、その後、本命であるエルミタージュ美術館を訪問し、やはり所蔵している日本刀を見せてもらえることとなった。しかし、良く聞いてみると全部で200振りもあり、到底彼らが希望する一日の限定された短時間で、すべてを鑑定することは不可能であった。

ロシア中央海軍博物館。

そこで、担当者と協議の結果、ようやく鑑定日程を3日間とし、興味深い20振りのみを選んで鑑定することとなり、大忙しで刀剣を選択し、彼らが一振り一振り注意深く目視による鑑定を開始した。

彼らは刃紋を鉛筆で和紙に写し取り、柄を抜いて刻まれた刻印を調査し、鍔も目視で鑑定し始めた。

それらの刀剣のうち偶然見つかった黒鞘の長剣は、下田で1853~1854年勘定奉行としてロシアとの開国交渉にあたった川路聖謨（かわじ　としあきら）が、自分の佩刀を抜いて、ロシア側代表プチャーチン提督に贈呈した脇差であった。

こうして3日間の鑑定作業を終了し、エルミタージュ主催のシンポジウムで日本側代表者の鑑定家が『日本刀の美術的価値』というテーマで講演を行い、200人の東洋美術専門家たちの大きな拍手に包まれた。

長崎国際テレビでルポルタージュ撮影コーディネーター
―北を目ざした日本人たち―

サンクトペテルブルグの日本刀調査の仕事がきっかけとなって、その後、長崎国際テレビ創立10周年記念番組の「北を目ざした日本人たち～ウラジオストク日本人街～」という、ルポルタージュ撮影コーディネーターを務めることとなり、最初は調査のため、2回目は撮影クルーを伴って、ウラジオストク、モスクワ、サンクトペテルブルグを訪問することとなった。

最初の調査では中央海軍博物館と協議し、次回の撮影時のために長崎に関する資料を調査、撮影準備を進めることとなり、長崎稲佐村に関する多数の写真や、江崎鼈甲店についての資料などを探し当てて、約1ヶ月後に再度撮影スタッフ3名を連れて、ウラジオストク経由モスクワ、サンクトペテルブルグに向かった。

ウラジオストクの通訳、コーディネーターはモスクワ留学経験者の友人、伊籐伸夫（パトリス・ルムンバ記念民族友好大学卒）さんに依頼し、私はモスクワで撮影部隊と合流し、サンクトペテルブルグに飛んだ。しかし、モスクワのシェレメチェボ空港で撮影チームと合流したが、空港到着時に早速トラブルが発生した。

テレビ局の撮影機材はとても高価なカメラが含まれており、すべてアルミのケースに梱包されているためかなりの重量があった。するとアエロフロート航空会社係員が怖い顔をして、航空貨物には重量制限があり、1個30キロ以上のものは航空機から安全上、下せないというではないか。テレビ局のディレクターはそれを聞くと驚愕し、それでは撮影が全くできないではないかと頭を抱えた。

そこで私は、アエロフロートの女性職員に何か解決方法がありますか？　と聞くと、作業員に直接聞きなさい、とウインクするではないか。そこで、そこに居た作業服姿の職員に代わり同じ質問をすると、罰金を払えば何とかなるというので、罰金の金額を訊ねると、即座に200ドル（約2万円）というではないか。しかし、背に腹は代えられず、スタッフは2万円を支払い、撮影機材入りのアルミケースを受け取り、事なきを得た。

翌日、サンクトペテルブルグのプルコボ空港でも同じ問題が再現したので、私は作業員に50ドル（約5千円）を提示し、作業員はニッコリ笑って即アルミケースを渡してくれた。要するに規則を盾にした、彼らのこづかい稼ぎの難癖であった。

「長崎からの娘さん」を歌う元水兵。

こうして、無事撮影機材はサンクトペテルブルグまで持ち込むことができ、まず中央海軍博物館で写真資料室が準備してくれた多数の写真アルバムをめくり、その中から54枚を選び、2日間かけて一枚一枚丁寧に撮影を行った。

写真資料室では、長崎稲佐村での江戸時代末から明治時代にかけての、ロシア海軍将兵と日本人庶民の温かい交流を物語る多数の写真が発見され、貴重な撮影となった。

また、当時ロシア海軍将兵たちの間で歌われていた、「長崎からの娘さん」という歌を唄える退役海軍水兵が現れ、バヤン（ロシア式アコーデオン）を弾きながらとうとうと熱唱してくれ、その様子も撮影した。

そして、帰国後テレビ局は編集を終了し、この企画番組は全国ネットで放映され、興味深いルポルタージュ番組として評価された。

ウラジオストク日本人街訪問旅行

―日露混血女性や4年生まで浦潮で育った元在露女性も参加―

この長崎国際テレビの、ルポルタージュ撮影コーディネーターの仕事を成功させたことが切っ掛けとなって、当時このテレビ局の専務取締役として企画を進めていた、大阪外大ロシア語科卒の杉谷保憲氏と知己を得ることができ、ウラジオストク日本人街で明治、大正時代活躍していた堀江商店経営者の子孫の女性・堀江満智さんなどとともに、関西日露交流史研究会を結成し、私は事務局長に就任した。

その後20回以上にわたって、この研究会が主催して日露歴史交流に関する様々なテーマで、毎回30人以上の参加者を集めてシンポジウムを開催した。この研究会の活動は反響を呼び、朝日新聞などにも大きく報道され、私はビジネス以外の文化交流活動にも携わることとなった。

ウラジオストク日本総領事館にて広瀬総領事（中央）と面談。

このシンポジウム参加者の中には、先祖がウラジオストクで、かつて様々なビジネスに関わった人々の関係者が多くいた。その中には、九州出身の建設関連事業家とロシア人女性との間に生まれ、ロシア革命時九州に移住した混血の女性や、かつて小学生の時までウラジオスクに居住していた日本人女性などもいて、ぜひウラジオスクを再訪問したいという希望者が次々集まりだし、私が企画したウラジオスク訪問旅行（参加者11名）を実施した。

ウラジオスク到着日は素晴らしい天気で、澄み切った青い夏空がどこまでも広がっていた。そして、朝食に味噌汁付きの和食が用意されるホテルに宿泊し、翌日から市内の旧日本人街の足跡の探索を始めた。ガイド役として極東大学助教授ゾーヤ・モルグン先生にご協力をお願いし、終日懐かしい街角を訪ね歩き、楽しい時間を過ごした。

ことにウラジオスクでロシア人女性を母として誕生し、ロシア革命時に肉親と別れて九州に移住したという混血女性は、一度も目にしたことがなかった生まれ故郷ロシアを訪ね、大粒の涙を流して咽び泣いた。もう一人の、小学生までこの町で居住していた関西の女性も、良く街並みを覚えており、この坂道で橇遊びをしたとか、日本人学校に通った道を見つけたり、このアーチ型の門の向こうに日本人の娘さんたちがいた遊郭があったなど、次々数十年前の故郷を思い出し懐かしんだ。

そして、ゾーヤ先生の発案で、小型ボートでウラジオスク沖に点在する美しい約90の島のひとつを訪問し、水泳を楽しみ浜辺でバーベキューを楽しんだ。また、在ウラジオスク日本総領事館でも歓迎され、当時の広瀬総領事とも総領事執務室で歓談のひと時を過ごした。

千島列島北端のパラムシル島（旧日本領幌筵島）訪問
―カムチャッカから大型ヘリで3時間―

通訳・翻訳業務をほぼ専業にし始めてからしばらくたった頃、東京の友人から日本の水産関係業者から、ロシアとの漁業関連ビジネスについて相談に乗ってほしいとの依頼があり、当事者と早速面談した。

この人物は、祖父が戦前北千島北端のパラムシル島（元日本領幌筵島）で水産業に従事していたことがあり、ぜひ現地で水産加工業を立ち上げたいという意向を持っており、色々手伝ってほしいという趣旨であった。すでに東京にパラムシル商会という会社も設立し、本格的に事業計画を練っているとのことである。そして、できれば近々管轄官庁のあるサハリンを訪問して事前調査を行い、直接パラムシル島にも案内してほしいとの事。この老人はとても弁舌さわやかで、その話にも信憑性が感じられたので、ぜひお手伝いしますと喜んで握手した。

それからしばらくして私は、函館経由でサハリンに飛び立ち、州都ユジュノサハリンスク市内の水産漁業関連組織を訪問し、パラムシル島に関する情報を収集し、帰国後報告書にまとめて依頼者の老人に渡し、見積もり通りの調査業務費用を受け取った。

パラムシル島とは、カムチャッカ半島先端にある北千島列島北端の人口約4000人の寒村で、セベロクリリスク市という町がある。戦前は日本の領土で、柏原市と呼ばれており、陸海軍が駐留し、北洋漁業の基地として盛んに水産業が行われていた。隣のシュムシュ島（旧占守島）には以前空港もあったが終戦時約800人の陸軍精鋭部隊が駐留しており、終戦直後の8月17日から3日間上陸作戦を仕掛けたソ連軍と死闘を繰り返し、ほぼ全滅、玉砕し、いまだに戦車や大砲が散乱し、遺骨も全く収集されず狐が大量に住む無人島となっている。

さて、その後、パラムシル島での水産加工のビジネスを企画しているこの人物は、スポンサーと称する3名の異業種の他の会社関係者とともに、パラムシル島を訪問したいと言い出し、真冬の2月にウラジオストク～カムチャッカ（ペトロパーブロフスクカムチャッツキー）を経由して、大型ヘリコプターで約3時間のパラムシル島セベロクリリスクへ出発した。

このヘリコプターは、出発地と到着地の天候が安定していなければ飛行不可能で、全く不定期航路であったが、たまたまその時は運よく往復とも気象条件が安定していたため、無事1週間の予定通りに往復でき、十分視察を行え、市長とも業務協力協定を締結して帰国した。

しかし、空港とは名ばかりの草むらの発着場で、ヘリコプターも貨物輸送機であり、20人ほどの乗客は騒音と振動に悩まされながらの3時間の飛行時間を過ごした。セベロクリリスクは最果ての地といった風情で、寒々とした山に囲まれ、山裾にはちょうど炭鉱住宅のようなお粗末な木造2階建て住宅がまばらに建っており、鉄筋コンクリートの家屋は市庁舎くらいなものである。そして、まともなホテルは一軒もなく、民家での宿泊となったが、中年のロシア人女性が食事を準備してくれ、結構楽しい毎日を過ごした。

この寒村には韓国企業なども数社進出しており、サケ、マス、ホタテ貝、昆布などの加工工場が5ヶ所あり、結構活気を感じさせられた。韓国の水産会社は大型冷凍倉庫を建設して活発に操業しており、月1回プサンと結ぶ定期冷凍運搬船航路もあり、積極的に投資をしていた。

しかし、厳しい寒さはさすがで、付近を火山帯が通っており比較的温暖とはいっても、マイナス10度以下であり、1メートルを超す大雪が積もるという。そして、冬場は気象変化が激しく、一度宿舎から500メートルほどの市役所で協議することとなり、部屋を出るときは晴れ渡った陽光がさしていて、雪道を徒歩で進み難なく市役所に到着し、会議を終えて外に出た途端、天候が急変し猛吹雪となった。

宿舎も目の前と思って徒歩で進むが、次第に猛吹雪が激しさを増し、前方が全く見えなくなった。しかも結構の雪道でもあり、気温もどんどん降下しはじめ、歩行困難となり、カメラを夢中で投げ出し近所の小さな商店に転がり込んだ。

ここの住民の話を聞くと、夜間外出は絶対しないようにと注意された。何故かというと、つい先日アメリカ人ビジネスマン2人が夜間外出して猛吹雪の中で帰宅できなくなり、2人とも凍死したのだそうだ。

パラムシルに飛ぶヘリコプター。

さて、滞在2日目の夜間見知らぬロシア人男性が雪の中を徒歩で訪ねてきた。どうやらかなり酒気を帯びており、早口のロシア語でにこやかに話しかけるのみで、何事かとよく問いただすと、自分の家に客に来い、熊の毛皮を見せてやるという事らしく、「遠方ですか？」と聞くと、ほんの数歩のところだ言うので、他の日本人と行くことにした。

ところが数歩どころではなく、大雪の中を10分ほど歩いたところで、室内には大きな熊の毛皮が何枚も敷き詰めてあり、更に押し入れには北狐の毛皮が山積にされている住まいであった。そんな彼は自然保護の監視員でもあり、許可を正式に取得して、全島をくまなくキャンプしながら歩いて狩猟生活をしており、奥さんや家族とはとっくに離婚したとのことであった。また、そこでは日本人全員が大きな北狐の毛皮を購入して帰宅した。

この視察のあと、この企画を進めていた老人は腎臓がんを患い、74歳であっけなくこの世を去ってしまい、この計画は頓挫してしまった。そんな2～3ケ月後に、この老人とそっくりの声の男性から電話がかかり、まさかと驚いた。

　この電話の主は老人の兄と称し、彼の哀れな最期を語った。実は、彼の弟は小樽のさる名刹の寺の息子であったが、放蕩して勘当されて行方知れずとなっていたが、何回も方々で詐欺行為を働き、そのたびごとに実家や親族に金銭的迷惑が掛かっていたそうで、悪行に身を費やしたイカサマ人生では近寄る身寄りもなく、最期は大阪市内の病院で一人寂しく息を引き取ったらしい。しかし、遺骨を引き取る人はなく、そのまま無縁仏となっているそうだ。

　それから、以前一緒にパラムシル島に行った他のビジネスマンからも連絡があり、結局この詐欺師の老人は架空の投資話を雄弁に語り、周りから2000万円以上の資金を集めたが、結局それを隠匿したまま、この世を去ってしまったという事であった。要するに私は何も知らぬ間に、架空の詐欺話の手伝いをさせられていただけであった。

　その後判った事であるが、北海道周辺ではロシアとの水産加工事業をネタにした、同様の詐欺事件が多発しているのだそうである。

パラムシル島での熊撃ちハンターとの出会い。

第八章　会社設立、ロシア貿易に再挑戦

日本語堪能なロシア人女性N嬢を雇用
―女性は「傾城」…は古今東西変わらぬ原理―

そうして小事務所で様々な通訳、翻訳、ビジネスコーディネーターに従事する日々が続き、次第に資金も蓄積でき始めた頃、ある日思いがけず知人の紹介で、北海道在住のロシア人女性が連絡してきた。彼女はサハリンの大学で日本語を学び、青森の銀行勤務を経て、現在は札幌でフリーの通訳業務に就いているとのことであった。まだ、私の会社は人を雇える力は全くなかったが、偶然北海道で仕事が出来たので、彼女と会ってみることにし、小樽のホテルロビーで彼女と面談した。

彼女N嬢は20歳代中ばで、とても日本語が堪能で、背が高く、清楚な印象であった。そこで、率直に私の会社では十分給与は支払う能力は今のところないが、通訳・翻訳業務の仕事が次第に増加しており、基本給10万円を保障し、あとは仕事があれば随時増額するとの条件で、大阪で勤務することに合意し、それからしばらくして彼女は日本海フェリーで舞鶴に到着し、わが社での勤務を始めた。私がすでに実績を積んでいた司法関連通訳業務を中心に、次々業務を彼

女に回して、生活費が何とか稼げるよう配慮し、彼女は私の会社で7年間真面目に勤務し、よく貢献してくれていた。

この頃偶然、以前の倒産した会社経営中、個人で大口経営者向け生命保険などの契約を交わしていた、保険代理店業者のK氏と再会し、その後の状況を語り合った。そこで私がもう一度ロシア貿易に挑戦し、再起を図りたいとの意向を示すと、K氏は自分が社長の別会社があり現在休眠中なので、その法人を利用して貿易業務を開始してはどうかとの提案があり、私は渡りに船とばかりその申し出を受け、現在経営中の有限会社トライデントの代表取締役に就任し、いよいよロシア貿易に再挑戦する決心を固めた。

そして、通訳・翻訳業務は別の商号である「日露ビジネスセンター」で取り組み、貿易、商事は有限会社トライデントで従事する形となった。

そんな中、ロシア向け中古自動車輸出がピークを迎え、日本からの海外総輸出量約120万台のうちロシア、カザフ、キルギス向けなどの輸出が第一位となり、総輸出数の半分の60万台ほどが旧ソ連諸国に船積されるほどの活況を呈し注目をあびるようになった。そして、色々な会社からロシア貿易進出についての相談が増えてきたが、ある神戸の零細輸出業者からロシア貿易進出についての協力依頼があり、共同で市場開発を行うこととなった。

その頃、ウラジオスクには私の会社の、代理店業務を遂行する担当者のロシア人青年が1名在籍しており、彼を通じて市場をリサーチし、そこから数社の取引先が見つかり、早速オークションでの中古車買い付けが始まり、月間30台ほどが出荷され始めた。

新事務所開設記念パーティー。

しかし、この神戸の提携業者が、極めて金銭面でルーズなため資金力が全く不足しており、中古車数台をオークション買い付け後、1週間後の支払い期限の直前になって電話がかかり、どうしても200万円の資金が不足しそうで、至急融資してくれとの依頼まであった。

また、彼はロシアからの顧客を乗せて運転中、オートバイと接触事故を起こして、オートバイ運転者が転倒、負傷して入院してしまい、その多額の治療費、休業補償も必要となった。自動車保険でカバーできないのかと尋ねると、倹約のため任意保険には全く加入していないとのことで、極めてずさんで危険なビジネスマンであることが判明した。

私はこの頼りない会社との提携を破棄して一大決心をし、中古自動車輸出ビジネスに自社で本格的に参入することを決め、各地自動車オークションへの入会を進め、ビジネスを開始することにした。

その結果、翌年には瞬く間に一年間で中古自動車

600台をロシア、カザフに輸出し、年商4億円を突破し、会社は大きく成長、木造モルタル造りの事務所から、便利な野田阪神駅前の国道沿いにある、鉄筋コンクリートの事務所ビル7階に移転し、心機一転して業務に励んだ。

ウランバートルからウラン・ウデ出張の旅
―北京空港で大騒動外貨両替機作動せず―

平成19年4月4日～10日の期間、北京経由ウランバートルを経て、車輌で約600キロの草原を駆け抜け、ロシア連邦領内バイカル湖畔のブリヤートモンゴル自治共和国の首都ウラン・ウデを訪問し、3日間の商談を終えて無事帰国したことがある。その時訪問した各地は、すべてはじめてのところばかりで、極めて興味深い旅であった。

また北京では、行き帰りとも空港内のみで、しかも数時間と極めて短時間の滞在であったため、乗り換え待ちの間にコーヒーでもと思い、到着後外貨交換機に100ドル札を挿入した。だがその途端、故障の表示が出て大あわてしていると、色々な人が助け船を出してくれ、両替機に100ドルを差し込んでから約1時間ののち、ようやく中国元に両替することができ、汗を拭きながら喫茶店に駆けこんだ。しかし、空港内の食堂では料理の価格が「30￥」とか「20￥」と表示してあるため、中国はとても物価が安いと大喜びしていると、それはあくまで中国元のことで、缶ビール1本とカレーライスで約1800円と超高価なことに、またまたびっく

北京空港自動両替機前にて。

り仰天したものだ。

北京空港では乗り継ぎ便の飛行機が大幅に遅延し、臙脂色の衣服をまとったラマ教僧侶たちと一緒に約10時間待機ののち、ようやくウランバートル空港に降り立ったのは翌朝2時過ぎで、本当にくたくたた状態で、はじめてのモンゴルに到着後、すぐさま爆睡した。

いわゆる外モンゴルは、総人口250万人ほどのうち約半分100万人ほどが首都ウランバートルに住んでおり、とにかく市街地は高層ビルと日本車にあふれ、カラオケ、デイスコ、ナイトクラブなど何でもそろった大都会であった。

この街はロシアの田舎町を少しほこりっぽくしたといった感じで、横断歩道も陸橋もない道路を車がわがもの顔で疾走しており、その渋滞の中を、モンゴル人たちは器用に道路をすいすいと横断していくのには驚かされた。

さて、モンゴルでの〝初夜〟を無事過ごし、翌朝

10時から日本車で迎えに来てくれた、ガイド役のモンゴル人青年とともに、放牧している羊、牛やロバの群れに注意を払いながら、延々と続くのどかな草原の中を、一路400キロの道のりをひた走りに駆け抜け、午後3時過ぎには国境の町、スホバートルに到着、ボルシチや豚まんなどで昼食をとり、国境に向かった。

ロシア・モンゴル国境にはヤミ両替商がたむろ
―2ヶ国の税関・入管通過に3時間―

国境前の道路には人があふれており、数人の怪しげな男女が次々車に接近してきて、窓越しに私のガイド役のモンゴル人青年となにやら協議していた。彼らはモンゴルの通貨トウグリク（TG）とロシアの通貨ルーブルを交換する闇商人のようで、やがて化粧の濃い中年女性と話がまとまり、後部座席に招き入れ、手早く外貨交換を終えて、いざ出陣となった。

モンゴル側からロシア領土の街が見え隠れする距離であるが、入管、税関手続きを2回繰返し、なんと国境通過に3時間ほどかかり、くたくたでロシア領入国となった。

ロシア領土内に入ってすぐの、キャフタというところに新規取引先の事務所があり、そこで数名のブリヤートモンゴル人たちが次々と握手で出迎えてくれ、感激したものである。

彼らは現在、日本～中国～モンゴル～ロシアを結ぶ物流拠点を建設中とのことで、もし、この構想が実現できれば、現在主流となってはいるが、日本製新車や中古車などの物流量の急激

ブリヤートモンゴルのゲルを背景にして。

な増加で実質パンク状態の、ウラジオストク経由でのシベリア各地への物資輸送ルートより、遙かに低価格で、輸送時間も大幅に短縮でき、競争力のある有利な〝回廊〟が出来上がると力説。ぜひそういった国際運送業務の面でも、ビジネスパートナーとして協力をしてくれと懇願された。

更に今後独自にある程度の中古自動車の買い付け輸入と、それらのシベリアでの販売を行うため、代表者を大阪で受け入れて欲しいとの提案も受け、直ちに合意した。

それから遅い昼食をともにしたあと、ウラン・ウデまで約３００キロの道のりを、再度数時間車に揺られ、ホテル・ブリヤートに到着、やっとロシア語の通じる街に落ちついた。

成果を挙げた長距離遠征　―年商倍増の5億円を一気に目指す―

さて、その時の出張は北京～ウランバートル～ウラン・ウデと、遠路はるばる遠征したかいがあり、今後うまく推移すれば、一気に年商倍増の5億円突破に結びつくかもしれず、更に新規に国際物流事業にも参入できる可能性もあり、大きなビジネスチャンスが舞い込みそうで、心が躍り始めた。

翌日事務所に赴き、業務協定書に調印のあと、派手な大型ゲルの中にあるモンゴル料理レストランに招待され、美女のウェイトレスに囲まれて、バイカル湖のオムリという、有名な淡水魚や子馬の肝臓のペーストなどの珍味をご馳走になり、大満足の一日であった。

4ヶ国に分散するモンゴル人　―中国・ロシア・モンゴルに600万人―

ところで、鎌倉時代に日本征服のため九州に押し寄せたいわゆる〝蒙古襲来〟（元寇）で有名なモンゴル国はチンギスハンの時代には一大帝国を築き上げ、ヨーロッパ各地にまで進出した強国であった。

現在は中国の一部となった内モンゴルに約200万人、そして、朝青龍、横綱白鵬などの故

ゲルの豪華なレストランにて。

のんびりしたモンゴルの草原。

郷である、いわゆる外モンゴルと呼ばれるモンゴル国に約250万人、そして、ロシア領土内にあるブリヤート・モンゴルやツバ、カラムイキアなどに約100万人が分散居住していて歴史的経緯の若干複雑な民族である。

今回私が訪問したウラン・ウデは、ブリヤート・モンゴル共和国の首都であり、人口40万人の小都市で、劇場やアパートなどを、戦後シベリアに抑留された日本人捕虜が多数建設したとのことで、日本にもなじみの深い街であった。

この町はバイカル湖から約100キロのところにあり、テレビもロシア語、モンゴル語双方で放送されており、義務教育の学校でもモンゴル語で授業が行われており、ロシア人生徒も国語として学習しているそうであった。郊外には旧ソ連時代には宗教が否定されて弾圧・迫害され、ほとんど取り壊されていたラマ教寺院の復興が最近盛んで、郊外には多数の極彩色に彩られた仏教寺院が、甍をそびやかしていた。

さて、あっという間に滞在期間の3日間が過ぎ去り、再度国境の町キャフタに向かうこととなった。朝8時頃ウラン・ウデを出発し、12時頃には国境の近くの食堂に入り、軽い昼食をとったのち、入管・税関を2回通り、再びモンゴルに入国した。草原をひた走りに走り続け、私も羊や牛の群に気を付けながら途中100キロほど運転させてもらい、ドライブを楽しんだ。

ところが私の運転中に、突然車輪がガタガタ音を立て始め、パンクだと気づいた。早速モンゴル人ガイドの青年が、予備の車輪を取り出し、10分ほどで手際よくタイヤ交換を終了し、無事帰路に就いた。パンクしたタイヤには立派なねじ釘が刺さっており、予備タイヤなしで万一走っていたならば、１００キロも２００キロも走っても、時折羊や牛の群れはいても、どこまでものんびり草原が続くばかりで、日本のようにすぐガソリンスタンドがあるわけでもなければ、ＪＡＦを呼ぶこともできず、万事休すのところであった。

途中の田舎町で自動車用品屋を見つけ、念のため古ぼけた中古チューブを購入し、タイヤにはめ込んでもらい、予備タイヤを車に積載して再度出発することとなった。

〝羊頭狗肉〟の食堂もあり

道すがら食堂が目に付いたので、ガイドの青年に「昼食をとって休憩しませんか」と誘うと、「この町では何も食べたくない」と言うではないか。何故かと言えば、食堂で出てくる肉が、もしかしたら、羊と偽って犬肉を出しているかも知れず、俺は「犬肉」は食いたくないとのことであった。正に文字通り、〝羊頭狗肉〟の世界である。

途中で家族全員を乗せてのんびりとロバに引かれる馬車に出会い、写真撮影した。ガイドの青年によると彼らは、山裾にある巨木に宮参りに行く途中とのことであった。

ところで、このモンゴル人青年は、かなりアクセントのあるロシア語を話し、〝流暢な（？）ロシア語使い〟の私とは、たいていのことは相互に理解できたのである。

そうこうしているうちに、懐かしいウランバートル市街が見えはじめ、カラオケ、ディスコなどの看板もめだつ市内部にさしかかった時、高々と翻るロシア国旗を掲げた、ひときわ目立つ一等地に大きなロシア大使館のビルディングが見え始めた。

因みに、モンゴル語はロシア文字と同じキリル文字を表音文字として使用しており、旧ソ連時代に教育を受けた世代はほとんどロシア語が理解できるとのことで、市内の看板もすべてキリル文字で表示してあり、ロシア語をそのまま外来語として使用する言葉も結構多いとのことであった。

帰路にはウランバートルのホテルを変更し、日本の旅行社ＨＩＳ経営の一流ホテルとして名高い、カーン・パレスホテルに投宿することとした。このホテルには日本人シェフのいる和食レストラン『さくら』があり、寿司、天ぷら、幕の内風定食などがそろっており、価格的にも味覚も納得できるものであった。モンゴルビールもなかなか行けるもので、とくに黒ビールは本当においしかった。ウェイトレスも、皆さん白鵬や朝青龍の姉妹のような感じで、日本人と見違えるような美形ばかりで、しかも日本語堪能で、憩いの時を過ごすことができた。

寿司・刺身に舌鼓、日本人瓜二つのウェイトレスさんにご満悦

空港送迎の際、付き添ってくれた通訳ガイドの女性もとても親切で、道すがら様々な話を聞いた。彼女は今日本で上映中の映画『蒼い狼』撮影部隊の通訳も行ったとかで、日本を一度も

ウランバートルの和食レストランにて。

訪問したことがないとのことであったが、とても流暢な日本語使いであった。

ウランバートルへ最近ロマンを求めて押し寄せる観光客に混じって、銀行口座を開設に来る日本人も増加しており、現地通貨に変えて定期預金にすれば、為替リスクはあるものの、年率20％にもなるということであった。しかも、地下資源の豊富なモンゴルへの外資からの投資も順調で、現地通貨の為替レートの変動がほとんどなく、為替リスクも最小のため、オーストラリアやニュージーランドに貯蓄していた資金を、モンゴルに移動する日本人顧客が増加中とのことであった。

また現在のウランバートルでは、日本車のブームが起きており、街中日本車があふれているといった感で、中古自動車販売店もいくつか目に付いた。ホテル近くの販売店を訪問すると、ピストルを腰にぶら下げた警官が警護する販売店は、頑丈な鉄の檻に囲まれ、出入り口も人がやっと通れるほどの通路があけられているのみで、品揃えも全く悪く、しかもほとんどの車は埃だらけという状態で展示されていた。それでもまだまだモンゴルではいずれにしろ車は、高嶺の花といった感じである。とにかく今回のモンゴル〜ウラン・ウデへの出張は極めて意義深く、新たなビジネスチャンス開拓の大きな成果のある旅であった。

一年後には年商を倍増し、大幅な利益増を果たして、モンゴルの草原や湖畔でゆっくりと休養したいものであると思いつつ、再び中国航空機上の人となった。

「恩」を「仇」で返すロシア人女性の仰天の背信行為

それから、3〜4年ほどの間は中古自動車のロシア向け輸出は好調であったが、プーチン政権は外国の新車製造メーカーベンツを始めトヨタ、日産などを次々呼び込み、トヨタも240億円の初期投資を行い、サンクトペテルブルグ近郊にカムリ新車製造工場を開設した。

ロシア政府は、新車販売のブレーキとなる中古自動車輸入を減少させるための各種規制をあの手この手で始め、毎年年末には必ず右ハンドル輸入禁止の噂が流れては消えた。そして、カザフ、キルギス、ウクライナなどの旧ソ連諸国では、間もなく右ハンドル車輸入は全面禁止となり、結局ロシアでは右ハンドル輸入禁止こそはないが、現在月間輸入総数がかつての10分の1以下の数千台に大幅減少している。

ロシア人スタッフとともに。

まだビジネスが堅調であった頃、私の会社は遅ればせながら中古自動車輸出業務に参入したものの、3年ほどの好調の後、突然受注額が大幅減少し、経営は危機を迎え、心苦しかったが事情をよく説明して数人のスタッフに退職してもらい、体制を立て直すことにした。

その直前、件のロシア人女性N嬢はさっと辞表を提出し、「東京のセルゲイさんというロシア人男性と結婚し、関東方面に移住することになりました」と素知らぬ顔で述べ、退職を申し出た。私は彼女に祝福の言葉を贈り、数日後にささやかな祝宴を開き祝儀の5万円を贈った。

私は、その後彼女は東京で幸せな新婚生活を送っているとばかり思っていた。しかし、それから1年ほど経過して、彼女の話は全て嘘でたらめであることが判明し、愕然とした。

ことの真相は、同僚で60過ぎの、家族持ちではあったが家庭内離婚状態の男性スタッフと不倫の末、2

人で手に手をとって、私の会社の様々な書類や顧客名簿をこっそり盗み出し、芦屋市で別の会社を創立し、顧客を次々奪って立派な競合先となっていたのだ。

私は彼女が安定した職を失い、北海道で金銭的に困り果てている時、救いの手を差し伸べて大阪に呼びよせ、30万円を当座の生活資金として融資した上、少なかったかもしれないが、その頃可能であった最大限の基本給を支払い、次々高率の利益がある通訳・翻訳業務を斡旋し生活の安定を援助した。そして、しばらくして給与を25万円に増額して、彼女は私のもとにいた7年間で、数百万円の資金が貯蓄できたはずである。だが、実際の彼女は、もっと大きな欲望が心の中に渦巻いていたのだ。

思えば彼女は、人口4000人のロシアの最果ての地・北千島列島の寒風吹きすさぶ極貧の村から、奨学金を頼りに這い上がり、勇躍サハリンに出てきて大学に進んだ才媛である。そして、願いがかなって憧れの日本に来訪し、果てない夢と希望を抱いて懸命に頑張っていたのであろう。ロシアでも最極貧の北の果てから来日後、青森、札幌、大阪とより豊かな人生を目指して放浪の旅を続け、大阪で今まで手にしたことも見た事もない数百万円の資金を懐にした時、彼女の心にはまだまだ果てしない金銭欲が限りなく膨らみあがったのであろう。まさにプーシキンの『金の魚』のおとぎ話の世界である。

日毎私の目を盗んで、こっそり小出しに営業関係書類を持ち出して黒い陰謀を企て、曲がりなりにも家族もいる男とともに、不倫の人生を歩む決心をしたのであろう。体を張ってでも、もう一稼ぎしたいと、困り果てていた彼女を引き揚げて、まともな暮らしが立てれるようにと援助した、いわば恩人の私を見事に裏切ったのである。

その後、様々な形で彼らの不誠実な対応に不満を抱いたロシア人やカザフスタン人数人の顧客先から、彼らの会社の実態が伝えられ、その結果は見事に無残なものであったことが次々判明した。彼らは最初の間はまずまずの営業成績を上げていたが、2年後には天罰が下ったのか、件のジゴロの色男は癌であっけなくこの世を去って閻魔大王の下に赴き、N嬢もその後の消息は全く知れない。

もしかしたら、彼女はもう一度色濃く口紅を塗りなおし、別の外人好みのスポンサーを探して、今頃どこかの街を彷徨っているのではないだろうか。正にクワバラ、クワバラ、女性はいわゆる「傾城」（ケイセイ・お城、つまり国を傾けるの意味）的存在であり、「顔は仏で、心は鬼」であることは昔も今も変わりないとつくづく思うものである。

第九章　入退院繰り返し、病魔との戦い

一病息災は名言　―脳梗塞で1ケ月入院―

その頃、私は健康増進のため減量を図り、再度水泳に通い始め、毎回1000メートルを泳ぎ切り、夕方ビールをおいしく飲みほして帰宅するのが日課であった。

ロシア人女性N嬢が勤務を始めて3年ほど経った頃、59歳の12月中旬のある日、事務所に出てその日も午前中プールに出かけるつもりで、水着や水泳用品入りのバッグを手にして椅子から立ち上がった瞬間、私はストンと床に落ちた。懸命に立ち上がろうとするが、ほとんど全身に力が入らず立ち上がれないではないか。そして、椅子や机に縋ってようやく立ち上がったが、どうもふらつきがあり、すでに口が歪み、ろれつが回らなくなってきた。

これは何か体に重大な事態が発生していると直感した私は、とりも直さず、すぐタクシーでかかりつけ医に飛び込んだ。すると、その内科医が脳梗塞の恐れがあると、即座に大病院に連絡を取ってくれ、大阪城脇の病院に駆け付けた。専門医が迅速に診察し、ＭＲＩ検査を受け、細い脳の血管の先端に血栓がつまる、正真正銘の脳梗塞発症と診断が下り、即入院を告げられ

た。それでもことの重大さを十分理解していない私は、「では仕事を整理し、準備をして明日入院します」と呑気なことを言うと、うら若い女医さんは私を睨み付けて「即入院し、点滴を始めてください！」と叫んだ。

結局その日から昼夜2週間、4本もの点滴が始められ、初めての長期入院生活を開始した。翌日には顔が大きく歪み、左半身は全く動かず、点滴4本をぶら下げてトイレまでたどり着くのはとても大変だった。今までの長年の不摂生がたたり、自業自得のお決まりの結果で、ベッドに転がりながら、これまでの人生や生活ぶりを猛反省する日々が始まり、正月明けまでの約1ヶ月間の入院生活を過ごした。

そして正月が明け、担当医は退院を勧めたが、左半身の麻痺はまだ全く引かず、大きく足を引きずり、ビッコのままで歩行するのは一苦労であり、階段を目にすると背筋が寒くなった。しかし、これから先はリハビリで、とのことで、恐る恐る退院生活を始めてリハビリに通い、回復を期した。

退院後数日すると新潟県警から至急の連絡があり、約1ヶ月の通訳業務に来てほしいとのことで、医師に相談すると、頭を使い運動することがとても大切なので、どんどん働きなさいとのことだった。そこで、思い切ってビッコを引きながら、捜査通訳を1ヶ月勤め上げ、少しづつ自信をとり戻していった。

私の場合、脳梗塞の発作発症後2時間以内に専門病院に入院し、直ちに点滴治療を開始したのが不幸中の幸いで、それから10年以上経った現在ではほとんど後遺症も消え、無事仕事に復帰できており、その後生活改善、健康管理に気を付けて一応健康を維持しており〝一病息災〟はまさに名言であると思っている。

心を病んだ青年と労務ゴロ

ある日、ホームページを閲覧した東京の青年から、ロシア関連の商社の就職先を紹介してほしいとの依頼があり、事務所を訪問してきた。そこで、面談すると東大教養学部卒でしかもモスクワ大学に1年語学留学しており、ロシア語も堪能な小柄な真面目そうな青年であった。

早速、当時泉大津で創業し、月間３００～４００台も中古自動車をロシア、カザフなどに輸出している、年商20億円ほどの活気のある商社の25歳の若い社長から、ロシア語ができる人材斡旋を依頼されていたのを思い出し紹介した。彼は即採用され、勤務について一件落着し、１年が過ぎた。しかしその青年は、再度連絡してきて、仕事がとても激務で体調を崩し、紹介された会社を退職したので、別のロシア関連商社を紹介してほしいとのことであった。

その頃ちょうど私の会社も自動車、建設機械などの輸出を開始したところであり、次の仕事が見つかるまで、臨時のアルバイトとして勤務することを勧め、彼は私の会社で稼働を始めた。

しかし、しばらくするとこの青年にはかなり問題があることが次第に分かってきた。まず、絶対笑わない。常にしかめ面で机につき、黙々と仕事をこなすだけであり、しかも、気に入らないことがあると、普段の沈黙を破って突然大声をあげて怒鳴り散らすのである。また、私がホームページを開設したいので、他社のホームページを閲覧して、良さそうなホームページを印刷して資料を準備するように指示すると、「ホームページの印刷はできません、何故ならば閲覧はしてもよいが、印刷は法に触れ機密漏えい罪に該当するからです」と頑として指示に従わないばかりか、「社長の指示であっても、私が法に触れるかどうか独自に判断して、適法なもののみ選択して仕事を行います」と宣言した。

私は、頑固に主張を続けるこの青年に些か異常性を感じ、注意深く観察を始めた。すると、彼は日曜日や祭日に無断で出勤し、何やら事務所で仕事をしていることが判り、唖然とした。全く指示もしていないにも関わらず、彼は出勤して何事かに従事しているのである。

私は即座に彼に私の指示以外で出勤することを禁じる旨を告げ、事務所の鍵を回収した。それからしばらくして、彼から一通の抗議文が送付されてきた。その内容は彼の隣に座っている女性社員を私が激しく虐待しているので、直ちに虐待行為を止めよというものであり、驚かされた。私は彼から指摘されたような行為は全くしておらず、彼女にも事実を確かめたが、そういった苦情は何もなく、訳が分からなかった。次第に不安が増し、彼の履歴書を再度よく調べてみると、大学卒業後まだ数年しか経っていないのにすでに5、6回転職しており、しかも、大学卒業後初めて入社した会社は一部上場企業であったが、その他は著名企業は一社もなく、何か曰く因縁があることが想像された。

そこで、私はやんわりと彼に退職を勧め、他にもっと規模の大きな企業を紹介するので、その方向で考えて欲しいと知らせた。すると即座に彼から一言「不当解雇です」との返事が届き、その後が大変である。

まず彼は、労働基準監督署に駆けこみ、調査が入った。それでも無視していると、今度は彼は個人加盟労組に加盟し、いかにも労働組合崩れの怪訝な風貌の老人２人が、長文の抗議文と要求書を手に現れ、交渉を求めてきた。

私もそこまでの大ごとになるとは思いもせず、知人の弁護士に相談すると、その個人加盟労組は極めて悪質で、零細企業の些細な紛争をネタに大声を挙げ、裁判をすぐ起こし、大金をぼったくるので有名とのことであった。そういった助言をもとに、労働組合崩れの男に電話すると早速「社長！　問題は金ですねん、金さえ払えば即解決してあげますよ」とのたまうではないか。数ページにわたって綴られた抗議文は不要で、「金払え」の一言でよい労働組合であった。

仕方なしに私は、要求された30数万円を支払うことに合意すると、早速解決書が送付されてきて、一件落着となった。その後、別件で労働基準監督署に相談することがあった際、その件のいきさつを話すと、案の定そういった労務ゴロが多数世間を徘徊しており、ようするにユスリ、たかりで世を渡る卑しい輩がいくらでもいるのだそうだ。

子供の頃から天才、秀才、神童と騒がれ見事東大まで卒えたこの青年は、明らかに心を深く病んでおり、その末路が目に見えるような気がしてならない一件であった。

ロシアをあきらめアフリカ、フィリピンを攻める
―利益率極小、経費倒れ、不誠実対応で苦戦―

好調であったロシア向け中古自動車輸出が、瞬く間に壊滅状態となり、事業を大幅縮小しスタッフ数名が退職して、再び私一人が残った14坪の事務所はとても広々としており、空虚さが日々増した。

私はロシアとのビジネスに全く自信を失い、インターネットを利用したロシア以外の方面への中古自動車輸出を試みることとし、ある会員制のサイト取引による、輸出サポートの会のメンバーとなり、オークションで約20台の古い中古自動車を買付て、船積み地の港の置き場に在庫し、サイトに写真やデータを掲載し宣伝を始めた。すると早速アフリカ、中南米、太平洋の島々などから問い合わせが連日届き、これなら再起できるかもしれないと、少し元気が出てきた。そして、若干の交渉の末少しづつ成約ができ、主としてアフリカ諸国に出荷が始まった。

しかし、1台船積みしてやっと5000円、1万円の少額の利益が確保できるといった、あまりにも利益幅の小さなビジネスであり、正直がっかりした。それでもそのうち軌道に乗るかもしれないと、胴元の会社の甘言に乗って、在庫を増やして、販売に全力を集中した。

そして、来年には大きな成果を挙げて、アフリカ視察の旅に出かけようと夢を抱き、懸命に営業活動に力を注いだ。それから引き合いや問い合わせは結構来るにはきたが、年間個人所得が5万円とか10万円の極貧の国々では、例え15年も20年も前の中古車輌であっても一生の買い

物であり、１０００円、２０００円の差でも大きな意味があり、かなりの値引きを認めなければ、成約は困難な場合が多く、ビジネスは難航した。

結局1年ほど頑張って、月間10台ほどの船積みが何とか出来るようにまでにはなったが、胴元が宣伝するような大きな利益は夢のまた夢であり、会費を毎月５万円支払い、更に問い合わせ件数にしたがって会費がスライドして次々上がり、時には月間10万円の会費を払わねばならず、とてもまともな利益は上がりようがなかった。

それでも悪戦苦闘しながら何とか1年間頑張り続けたが、在庫車の保管料が３ヶ月を超えると追加費用が1台月間６０００円ずつかかり、結局売れ残った長期在庫は再度オークションに出品して叩き売らざるを得ず、締めてみるとやはりまともな利益は上がっておらず、サバンナ旅行の夢はついえ、結局尻尾を巻いて退会してこのビジネスに決着をつけた。

その頃、フィリピンのミンダナオ島の会社から、日本で中古のスズキ・キャリーの軽自動車をコンスタントに買い付け、自動車解体工場で解体して、部品として輸入したいとの申し出があり、私は急遽マニラに飛んで彼らと商談を行い、まもなく私がロシア人を常駐させている長野県の自動車解体工場を基地にして、そのビジネスを開始することとなった。

早速、取引条件協議のため私はマニラに飛んで、ミンダナオ島から到着した女性社長とその息子らと面談協議し始めた。そして、大筋で取引条件について合意し、彼らが1ヶ月後に来日し事業を開始することとなった。

さて、私のはじめてのマニラ訪問は驚きの連続であった。まず、マニラ中心部のホテルを一歩出ると、道路上あちらこちら数ヶ所に人が寝転んでおり、傍を通りすぎようとすると、手を出して、物乞いをする。中には幼児を連れた若い母親らしき者と、5、6歳の女児とともに紙コップを掲げて物乞いをはじめ、とんでもない所にきてしまったと思うばかりであった。

また、ホテルの外で待ち受けていた、薄汚れたワイシャツ姿の男が駆け寄ってきて、その手には10枚ほどのミニスカートの少女の写真があり、「オンナヤスイヨ、30ドルデ、イマスグクルヨ！」と腕にしがみつき、数十メートルも追いかけて来る。やっとのことで、ポン引きと乞食集団を逃れて、スーパーマーケットに来ると、そこはまるで別世界の天国であり、お洒落なショッピングモールとレストラン街があり、高級品が販売され、レストランでもご馳走を食べながらビールを飲んでいる人たちで混雑していた。

道路に寝そべり物乞いする親子がいるかと思えば、結構な高級レストランで昼間から宴を開いている金持ちもいる貧富の差の大きさに驚いてしまった。普通の仕事をしている男性は、月給5000円内外というので、いかに所得が低いかが想像できた。

商談の合間にホテル周辺を散策したが、ごった返す市中目抜き通りで、突然正真正銘の軍装に身を固めたヘルメット姿に自動小銃の兵士数人が展開し、物々しく警備を始めた。私は何事が起こったのであろうかと、緊張しながら推移を見守った。すると前方から白い装甲車両が現れ、ある建物前で止まった。要するに現金輸送車が到着したのであるが、いかに治安状況が悪いかということを証明するかのような出来事であった。

無事協議を終了し帰国の途に就いたが、帰国後1週間激しい下痢が続き、不愉快な数日を過ごした。よくマニラを訪問している知人に聞いてみると、私が水道の水で歯磨き後に口をゆすいだのが多分下痢の原因とのアドバイスをいただいた。

それから1ヶ月の後、ミンダナオ島から2人の作業スタッフが到着し、長野県の自動車解体工場での仕事が開始され、私はこれで軌道に乗ったと確信して大阪に帰った。ところが数日後、このフィリピンからの顧客は、私にも工場側にも一言も告げず、勝手に仕事を中断して帰国してしまい、このビジネスはキャンセルとなってしまった。まさにエチケットも何もあったものではない。まるで狐につままれたような不思議な結末であった。

鎖骨骨折、糖尿病悪化で入院繰り返す

悪いことは続くもので、その日私は癌検診を受診し、とりあえず癌の心配はないという診断結果を告げられ、ルンルンの晴れ晴れした気分で事務所に帰る途中、お祝いにと勝手に自分に言い聞かせながら、ビールと日本酒で喉を潤し、地下鉄野田阪神駅まで帰り着きエスカレーターで改札口に向かった。そして、一番上の階までエスカレーターが到着したとき、両手にパソコンなどを抱えていたため突然足元がふらつき、しかも酔いが回ってきていた私は、エスカレーターを真っ逆さまに数段転がり落ちて、しこたま肩を強打してしまった。

それほどの痛みもなかったが、幾分気分が悪くなり、その夜は近所のホテルに一泊し、翌朝

接骨院で診断してもらうと、「うちでは対処できません。骨折の恐れがありますので、整形外科でレントゲン検査を受けてください」とのことであった。そこで、近くの整形外科に駆け込みレントゲン検査の結果、立派な鎖骨骨折と分かり、入院して手術しなければならなかったが、この病院でも対処できず、結局徒歩10分ほどの関西電力病院に紹介状とともに送られた。そして、再度精密なレントゲン検査を受け、2日後接合手術となり、担当医からは「手術後1週間で退院できます。鎖骨骨折の手術は簡単なものです」との説明に一安心した。

しかしである、全身麻酔で行われる外科手術は全く初めての経験であり、昔私の知人が交通事故で複雑骨折の治療のため全身麻酔で手術室に入ったが、数時間の後、帰らぬ人となった事もあり心配がつのった。インターネットで懸命に検索し、全身麻酔の危険性についての説明を何回も読んでは心を落ち着かせた。

手術当日はあっという間にやってきて、全裸になり手術着に着替え、車輪付担架で手術室に向かった。手術室には看護師数人、麻酔医、手術を担当する外科医などかなりの人数が待機しており、私は緊張の極に達していた。数分で準備作業が整い、麻酔医が口にマスクを当てて、大きく呼吸してと一言囁いた途端、一瞬にして私は深い眠りに落ちた。

それから何時間過ぎたのか全く分からぬままで、私は楽しい夢を見続けており、何故かそのとき北京のレストランで豪華な夕食を食べており、ステージではビキニ姿のロシア娘が踊り狂うエロチカルショーが展開され、楽しい一夜を過ごす夢の中をさまよっていた。すると、肩を軽く誰かが叩き、「終わりましたよ」と言われて、一瞬にして楽しい夢から覚め、すでに元の病室で愛想のないベッドの中にいることが分かった。私はその時はっと目が覚め、少々空腹を覚え、かなりの時間が経過していることを知らされた。

切開手術した鎖骨部分はさほど痛みもなく、夕食後眠りに就いたが、やはり深夜に鈍い痛みが感じられ、鎮痛剤を処方してもらい、その夜は何とか眠りに落ちることができた。

その後何回もレントゲンをとり、順調に回復していることが報告され、いよいよ明日退院となった夕方、担当医があわててレントゲン写真を見せに病室に現れ、術後骨折部を繋ぐためにはめこんだチタン合金製の留め金が完全に外れており、再度手術をやり直さねばならないと告げるではないか。

明日退院と喜び勇んでつい先ほど妻に電話したばかりであったが、私はまたあの手術室に舞い戻らねばならず、絶望的な暗い気持ちに陥った。しかも、担当医はなるべく早く、明日にでも再手術しましょうと提案するではないか。一挙に天国から地獄に落ちた私は、「心の準備ができません」と思わず答え、数日手術日を遅らしてもらい、再度の全身麻酔に挑むこととなった。

結局2回の切開手術を行い、1週間の予定が、思いもかけない約1ヶ月の長期入院生活となり、仕事どころではなく、暗澹たる気持ちで入院生活を過ごした。

しかし、住めば都とはよく言ったもので、この関西電力病院での1ヶ月間の入院生活では色々な経験もあり、様々な入院患者とも知己を得て、よい人生体験ともなった。

例えば、ある60歳過ぎの筋肉隆々でいがぐり頭の男性が、車椅子で院内を始終徘徊しており、談話室でもよく顔を合わせることが重なっていたので、自然に言葉を交わすこととなった。

彼はダンプカーの運転手で、作業中足を複雑骨折して長期入院となっていた。ある日、幼児や小学生4人を連れた可愛い若い女性が現れ、車椅子のいがぐり頭の御仁と親しそうに談笑していた。そこで、私はてっきり、彼の孫を娘さんが連れてきていると勘違いし、思わず「可愛いお孫さんですね」と声をかけようとした瞬間、幼児の1人が「パパー」と呼ぶではないか。そう呼ばれると強持ての男性は相好を崩し、その幼児を抱き上げ頬ずりするではないか。その若い娘さんは彼の25歳年の離れた奥さんで、孫と思ったのはすべて彼の子供たちであった。

それからも彼とよく話をすることがあり、「昔から運転手なのですか?」と聞くと、「若い頃はやんちゃばかりしてましてん」というではないか。私はその意味がつかめず、思わず問い返すと、「最後は韓国から覚せい剤3キロ持ち込んで、関西空港で御用になりましてん」とあっけらかんと答えた。つまりは、元その筋の方なのである。しかし、今は完全にその道から足を洗い、子煩悩な〝パパ〟となって幸せな家庭を築いているとのことで、ご立派というほかない。

しかし、この御仁は時間さえあれば車椅子で各階を徘徊して廻るので、理由を聞くと「各階の看護婦さんの顔を見て回っている」のだそうで、あんなに可愛くて若い奥様を連れているのにもかかわらず、夕方には職員退室通路付近にまで車椅子を押して遠征し、私服に着替えて帰宅する看護婦さんたちを眺めるために1階ロビーまで大急ぎで繰り出していた。白衣から私服に着替えた看護婦さんがまた素敵なんだそうである。

また、ある日は80歳を超えた老人が歩行器の助けをかりながら、廊下を徘徊し、談話室でよく出会うようになり、話が弾んだ。彼はこの病院は管理が厳し過ぎると不満を漏らし、近所の他の病院に入院した時の方が自由でよかったと言うのである。

彼は酩酊して自転車で帰宅途中坂道を転がり、大腿骨骨折の重傷を負って手術を行い、ようやく歩行器つきで散歩が許されたのだそうだ。奥さんはすでに数年前癌でこの世を去り、二人の息子と娘が見舞いに訪れてくれるのはとてもまれで、しかも、彼らが来院した際には、この入院中の老人の父の財布から、金を抜き取っていそいそと帰っていくだけで、何の役にも立たず、結局楽しみは「いいちこ」焼酎のみとのことである。しかし、この病院では一切外出を認められず、外部で酒の一滴も飲めないとこぼすばかりであった。

この老人の話を聞きながら、曲がりなりにも私にはまだ妻が健在であり、親孝行な娘や孫もおり、賑やかな晩年を迎えることができ、ささやかではあるが小さな幸せをかみ締める毎日で、人生は様々であると実感した。

他には、夜も昼も終日「よっちゃん！　よっちゃん！」と大声で叫び続け、娘の来院を待ち焦がれる認知症が進んだやつれた老婆もいて、正に人生の縮図を見る思いであった。

さて、鎖骨骨折事件のあと一年ほど経ったある日、私の左足膝下から爪先までが赤く腫れ上がり、1~2日のうちにたちまち歩行が困難となり、食欲も大幅に減退し、全身の脱力感に悩まされた。あわてて足を引きずりながら再度関西電力病院の皮膚科を訪れると、また、即入院である。

今回は蜂窩織炎《ほうかしきえん》という病気で、要するに糖尿病を長く患い、高血糖値が続くと全身の免疫力が大幅に低下して、悪性の細菌が小さな傷口などから進入し、大きな炎症を起こすという病気だと説明され、点滴で抗生物質を注入して、安静にするほか治療方法はないとのことであった。

とにかく血糖値を下げるためのインシュリン注射による治療と平行して、再度点滴をぶら下げた1ヶ月間の入院生活が始まった。しかし、今度はかなり苦しい状態がしばらく続き、少し体をよじるだけでも、左足全体に電気でも走るような痛みが走った。それにトイレまでたどり着くのも苦しい状態で、数日経てもなんら改善の兆しもなく、絶望感にとらわれ、今までの不摂生な生活ぶりを反省するばかりの日々を過ごした。

約1週間を過ぎた頃から、点滴の抗生物質薬の効果が現れ、徐々に数値が改善され、治療方法の正しさが証明され、かすかな明かりが前方にともったような気がした。結局丸々1ヶ月の入院を終え、杖を頼りに退院し、久しぶりに事務所に帰ることができた。

事務所の方はといえば、ほこりをかぶって荒れ放題で、資金もほとんど底をつき、すでに68歳となった私は、もう潮時ではないかと、会社をたたんで隠遁生活をすることを真剣に考えたが、ただ、事務所を畳むにも結構の経費がかかり、また、その後の空虚な人生を思うと憂鬱で迷いに迷った。しかし、ロシアとのビジネスはどん底状態で、さりとて新規に取り組んだ他の諸国向け中古自動車輸出のビジネスも、とてもまともな利益も上がらずで、〝前門の虎、後門の狼〟の状況であった。

私はしばらく頭を抱えてどうすべきかを、まだ黒ずんだしみがあちこちに残り、疼痛のある足を引きずりながら毎日考え続けた。

第十章　極東シベリアで顧客開拓、軌道に乗せたロシア貿易

先祖帰りしロシア・ビジネスに再挑戦

それから熟慮を重ねて下した結論は、もう一度先祖帰りして「ロシア」に挑むことであった。それまで細々と続いていたウラジオストクのある1社との、中古自動車部品輸出ビジネスを思い出して、再挑戦への様々な作戦を立てた。

旧ソ連崩壊後政府のとった急激な開放政策のおかげで、一般市民の〝夢のまた夢〟であった高品質の日本製自動車を、新車でも中古車でも自由に取得できるようになったロシア人たちは、先を競って手ごろな価格の日本の中古車を購入し始め、過去約30年間で日本製中古自動車は約1800万台以上と大量に爆発的勢いでロシアに流入した。しかも、日本とは大いに違い、一度取得した日本製自動車は彼らにとっては正に夢に見た宝物で、易々とは手放さないで、相当古い年式の車両のほとんどが、まだロシアの大地を駆け回っている。そして、日常的に相当遠距離を走行する上、結構悪路も多い。

また、ガソリンやオイルの精製度も品質が劣り、更に積雪や凍結の道路を疾走する厳冬は、

当然交通事故を多数誘発するといった三拍子も四拍子も悪条件がそろい、故障や事故が多発する結果となり、すなわちあらゆる交換部品の需要は巨大である。勿論新品自動車部品も大量に輸入販売されてはいるが、価格が高く庶民の手には入りにくく、輸出業者も大量ロットでしか仕入れ取引が困難であり、弊社のような零細貿易企業にはなじまないビジネスである。といった諸々の事情で、ロシアでの中古自動車部品の需要が極めて大きくビジネスチャンスが大きいことと、従来の長年の取引の過程で獲得した、中古自動車部品輸出のノウハウを生かして、新規市場開拓を思い立った。

それから一大決心をした私は、風呂も洗濯機も設置されていない、単なる荒れ果てた事務所に簡易ベッドを持ち込み、長期間の籠城を始め、ロシア市場開拓作戦に取り掛かった。そして、ロシア極東からシベリア全域各地の自動車部品販売専門業者名簿を手がかりに、来る日も来る日もロシア語版ダイレクトメールを送り続けた。

古自動車部品出荷風景。

結局これが功を奏して大当たりとなって、瞬く間に10数社から様々なビジネスオファーが届き、そこから1～2ヶ月のうちに早速最初の注文が決まり、40フィート・コンテナでの自動車部品輸出を開始した。

その年の夏には、ロシア各地の輸入販売業数社との事業提携協議を次々成功させ、コンスタントに毎月3、4本の40フィート・コンテナでの部品輸出が出来るようになり、ようやくビジネス復活の兆しが見え始めた。

とにかく言えることは、アフリカ、東南アジアなども結構有望な市場ではあるが、全く見ず知らずの国々とビジネス関係を持つのは様々なリスクもあり、国情も気心も知れず多大な困難を伴う。

そこで、「やはり、私の取り組むべきビジネスパートナーは正にロシアだ」と実感し、益々力を入れて営業活動にまい進し、翌年には年間コンテナ60本ほど出荷し、年商も3億円近くに回復し、大いに元気が出てきた。

そして、現在青森、仙台から愛媛、福岡まで日本各地の車両解体工場10ヶ所に数社のロシアの顧客先企業から招聘したロシア人作業員チーム12名

中古車輸出風景。

を常駐させ、仙台、横浜、名古屋、神戸などの主要港から毎月安定的に順調なコンテナ単位での、自動車部品出荷を軌道に乗せることに成功した。

　それと平行して、自動車部品以外のビジネスも開拓でき、ロシアの若者たちに大人気の大型スポーツバイクの輸入販売業者（シベリア）の、25歳の青年とも良好な関係構築に成功し、1年間でまたたく間にコンテナ10数本を出荷し、大型バイクのみで年間1億円を越す売り上げを挙げ、現在も彼との協力関係は継続している。

　とにかく最近のロシアのビジネスマンは若い、20歳代、30歳代が主流で、たまに40歳~50歳代のビジネスマンもいるにはいるが、極めて少数である。

　こうして、様々なビジネス上の困難や度々の病魔や負傷を乗り越え、私は70歳の坂を超えた現在も、毎日定刻早朝4時に起床し、7時からは喫茶店でコーヒーを啜りながら、主要新聞5紙にじっくり目を通して出社、夕方までの時間をほとんどビジネスに全力投球して、毎日を過ごしている。

第十一章　日露文化交流で意義ある晩年を

日露文化交流活動に全力を注ぎ意義ある晩年を目ざす
―「虎は死して皮を残し、人は死して名を残す」―

前述したように私は、高校時代大きな挫折を初めて経験し、貧乏苦学生であった大学時代もほとんどまともに目指す語学を習得できなかった。しかし、その後様々な経緯を辿って、何とか様々な体験を通じてロシア語をものにし、旧ソ連時代から現在までの長い年月、常に旧ソ連諸国、ロシアとの深いかかわりを持った生活を続けてきており、ロシア、ウクライナ各地を正に自腹で100回以上訪問した経験もある。そして、現在も多数の友人や取引先がロシア各地にあり、彼らとのビジネスを細々と継続して何とか糊口を凌いでいる。

若く血気盛んな時代には、とにかくビジネスをがむしゃらに拡大し、金銭的成功ばかりを目指して、毎日白刃を振り回し「切った、張った」のヤクザ出入りに等しい殺気だった日々を過ごしてきた。

そして、52歳の時、思いもかけなかった旧ソ連の崩壊により、20年間の長きに渡って経営してきた会社を倒産させ、一夜にして全てを失い、無一文となり途方にくれた。しかし、様々な人々

ウラジオストク日本人街シンポジウム。（大阪）

の有形無形の支援を得て再度ゼロから出発し、新生ロシアの経済発展の勢いにも乗って、どうにか再起を果たすことができた。

いくら金銭をしっかり稼ぎ、派手な衣服に身を包み、贅沢三昧の日々を過ごしても、所詮、人間としての価値はないことだと、最近ようやく気がついた。

では、人間は「人生」では一体何を追及しなければならないのだろうか?郷里の大先輩であり、私が尊敬してやまぬ大原孫三郎氏は、江戸時代から続く、倉敷の大商人の家に生まれ、倉敷紡績の経営者として財をなしたが、私利私欲のためのみに生きるのではなく、社会全体のこと、世のため人のためを常に考え行動する人であった。

その理念が見事に生かされているのが、世界の超一流の美術品を収集・展示する江戸時代の街並みに調和して立つ倉敷大原美術館であり、様々な社会福祉事業、法政大学や岡山大学の研究施設開設にもつながっている。

彼はそういった各種文化施設を多数開設したり、貧民救済事業、医療施設開設、社会福祉事業にも支援を惜しまなかったが、それは決して私利私欲の追求が目的ではなく、実業で獲得した財産や資金をあくまでも社会の人々の生活や精神的活動を豊かにし、民衆の幸せのため寄与することに還元しようとしたものである。

そして、大原氏は決して見返りを求めず、自己を顕示せず、社会のために尽くす見事な人生を全うし、まさに〝虎は死して皮を残し、人は死して名を残す〟そのままの生涯であった。

私はこの郷土の大先輩のこういった生きざまを深く学び、もし、これからも天が味方してくれ、実業で資金を些かでも蓄積できれば、あと残された人生を私の天命ともいえる「日露の友好交流、文化交流」の課題を追求することで送りたいと思っている。

現在健康上も様々な問題を抱えてはいるが、家族を始め友人など多数の人々の励ましに背中を押されて、ロシアとの貿易に毎日元気に従事しており、挫折を繰り返しながらも無事73歳の春を迎えることができた。

そこで、目指す文化活動展開のため、昨年「関西日露交流史研究センター」を会社内に併設

シンポジウムチラシ。

皇帝陛下（?）といっしょに（クレムリンにて）。

著者近影（ウラジオストクにて）。

し、少しずつ活動を開始している。

昨年9月には、在大阪の在日朝鮮人ノンフィクション作家・高賛侑氏とともにウラジオストク、ウスリースクを旅して、在露朝鮮人文化会館を訪問し、1937年、38年に強行されたロシア沿海州から18万人にものぼる朝鮮人すべてを、カザフスタン、ウズベキスタンへ強制移住させるというスターリンによる蛮行の体験者や、その二世、三世たち約10人のインタビューを行い、その報告書の出版を準備している。

また、平成28年2月には、ウラジオストクの極東連邦大学助教授、ゾーヤ・モルグン女史を招聘し、大阪、長崎で「ウラジオストク日本人街」に関するシンポジウムを開催したところ、約100人の参加者があり、成功裏に終了した。

そのほかに、日本各地の日露友好交流に関する様々なイベントやトピックスを取材し、日本ユーラシア協会機関紙などに記事を執筆すると同時に、ブログでも掲載発表するという活動を行っている。

今後は日露の友好交流に関係する様々なテーマでの、ルポルタージュなどの記述出版を目指して活動を開始しており、死ぬまで現役を貫き大往生したいと思う今日この頃である。

おわりに

日本がアメリカとの激しい戦争の真最中、岡山の片田舎で生を受け、勇躍19歳で関西に出てきてからすでに50年以上の時が経ち、幸い多数の娘や孫に囲まれて、にぎやかな晩年を迎えている。

高校時代、病のため留年、さらに初恋に破れ、第一志望の大学にも振られ、ロシア語習得を目指した外大でも学資が続かず留年、休学。「鶏口となるも、牛後となるなかれ」との決意で起業した会社も、52歳で倒産、長年臥薪嘗胆の日々を過ごした。その後も、数々の病魔に襲われ、まさに傷だらけ、失敗だらけの私の人生は、いわば落第続きであったが、何とかしぶとく生き残り、ようやく再起を果たせたような気がしている。

今回、そういった私の73年の人生行路を振り返り、「失敗は成功の母」、「人間すべて塞翁が馬」の言葉を噛みしめながら、私の落第人生を一気に書きあげてみた。

旧ソ連の崩壊後、壊滅状態であったロシア経済も、幸い最近立ち直りが顕著で、このところ現在私が経営する小貿易会社も順調に推移している。

そこで、並行して長年の夢であった日露文化交流、ルポルタージュ執筆、講演活動などに従事する時間的、金銭的な余裕も若干できてきており、残された私の人生を、そういった社会に恩返しする文化的活動に全力投球したいと思う日々であり、長年私のわがままを許してくれた家族や友人、先輩諸氏の叱咤激励を胸に刻み、残りの人生を有意義に過ごしたい。

私の懸命の再起を物心両面で常に支えてくれた親友・蜂谷栄二氏は64歳で他界し、さらに大恩人・吉岡博之氏、そして山口慶四郎先生も、昨年相次いでご逝去されてしまった。

各氏のご冥福を心からお祈りしながら筆を置くこととする。

平成29年1月

岩佐 毅

［著者プロフィール］

岩佐 毅（いわさ・つよし）

昭和 18 年岡山県倉敷市生まれ。神戸市外国語大学ロシア語学科卒業。亡命ロシア人経営の商社に勤務したのち、昭和 52 年に岩佐貿易（株）を創立。旧ソ連との貿易に従事し、事業を拡大したが、ソ連崩壊により大打撃を受け倒産。その後、辛酸をなめながらも再起し、再度ロシア貿易に挑戦し、事業を軌道に乗せた。並行して関西日露交流史研究センターを立ち上げ、各種文化交流、シンポジウム開催、ルポルタージュ執筆、講演活動などに力を注いでいる。
有限会社トライデント・代表取締役、関西日露交流史研究センター・代表。

落第社長のロシア貿易奮戦記

2017 年 3 月 10 日発行
2023 年 2 月 20 日第 2 刷

著　　者　岩佐　毅
発 行 者　唐澤　明義
発 行 所　株式会社 展望社
〒 112-0002
東京都文京区小石川 3 丁目 1 番 7 号　エコービル 202 号
電話 03-3814-1997　Fax 03-3814-3063
振替 00180-3-396248
展望社ホームページ　http://tembo-books.jp/

編集・制作　今井　恒雄
印刷・製本　モリモト印刷株式会社

ISBN 978-4-88546-325-9